DES IMPOTS

DANS LEURS RAPPORTS

AVEC LA

PRODUCTION AGRICOLE,

PAR

C.-J.-A. MATHIEU DE DOMBASLE.

(Extrait de la 5ᵉ livraison des Annales agricoles de Roville).

A PARIS,

CHEZ Mᵐᵉ HUZARD (née VALLAT-LA-CHAPELLE),

RUE DE L'ÉPERON, Nº 7.

1829.

NANCY, IMPRIMERIE D'HÆNER
ET E. BARD.

DES IMPOTS

DANS LEURS RAPPORTS

AVEC LA PRODUCTION AGRICOLE (1);

PAR

C.-J.-A. MATHIEU DE DOMBASLE.

INTRODUCTION.

LES impôts peuvent être considérés sous des points de vue très-variés; mais il est un de ces points de vue qui mérite une attention particulière, et que l'on n'a, je crois, jamais considéré isolément, comme je vais essayer de le faire : .....*Quelle influence doit exercer tel impôt sur les productions de l'agriculture?* ..... Telle est la question que je me suis proposé d'examiner, pour les divers impôts qui peuvent exercer le plus d'action sur cette production, ou auxquels on est généralement disposé à attribuer une action de ce genre.

Les impôts peuvent influer de plusieurs ma-

---

(1) Ce mémoire est extrait de la 5me livraison des Annales agricoles de Roville, qui paraîtra dans le mois de juillet prochain. On a cru devoir devancer la publication de cet article.

nières sur la production en général, et sur la production agricole en particulier : voici les principaux modes d'actions par lesquels ils peuvent exercer leur influence. 1° Ils peuvent élever le prix auquel il est possible d'obtenir un produit, et par conséquent nuire à la production, en forçant le producteur de le vendre plus cher, ce qui en restreint la consommation intérieure ou l'exportation. Considérés sous ce rapport, les impôts ne peuvent pas opérer de bien, car on ne conçoit pas qu'un impôt puisse diminuer le prix de production d'un objet quelconque. 2° Un impôt, peut en entravant la production, la circulation ou le commerce d'un produit en particulier, en restreindre également la consommation et la production. 3° Les impôts peuvent s'opposer avec plus ou moins de puissance à l'accumulation des capitaux qui peuvent favoriser la production en général, ou une branche d'industrie en particulier. Ici ils ne peuvent encore développer qu'une action nuisible, parce qu'ils ne peuvent dans aucun cas, favoriser l'accumulation des capitaux. 4° Certains impôts peuvent permettre aux producteurs de vendre à un prix plus élevé les denrées qu'ils ont produites ; et c'est dans ce cas seulement que les impôts peuvent favoriser la production intérieure, en lui accordant une prime sur les marchés, au

préjudice des produits importés, que l'on frappe
de droits à leur introduction sur le territoire
national. Je vais examiner le mode d'action que
peuvent exercer sous ces divers rapports, et relativement à la production agricole seulement,
quelques-uns des impôts qui existent en France.
Je ne voudrais pas que l'on conclût toujours de
mes observations, que je pense que tel impôt
doit être augmenté, diminué ou supprimé; car
ceci n'est qu'une des faces de la question; mais
aussi, c'est sans aucun doute, une de ses faces
les plus importantes.

§ I. *De l'impôt foncier.*

L'impôt foncier est une charge de la propriété, et non de l'exploitation; il est dû par
le propriétaire, soit qu'il fasse valoir son domaine, soit qu'il l'affermie, soit qu'il n'en tire
aucun parti et qu'il le laisse en friche; cet impôt
n'est donc pas une charge de la production agricole, et ne peut jamais augmenter le prix de
production. Je ne croirais pas nécessaire de développer davantage cette assertion si cette vérité
n'avait pas souvent été méconnue, et si l'on
n'avait pas prétendu souvent venir au secours
de l'agriculture, par des dégrévemens sur la contribution foncière. Il est cependant bien facile

*

de se former des idées nettes sur ce sujet, si
l'on examine cette question, en prenant pour
sujet de ses observations un domaine rural placé
dans cette position, où la propriété et l'exploitation sont séparées, c'est-à-dire un domaine
afferiné. Quel que soit le montant de la contribution foncière, la production agricole n'en est
nullement grévée, puisque le fermier est étranger à cette charge, qui pèse uniquement sur
le p..priétaire ; et s'il arrive quelquefois que,
par les stipulations d'un bail, le fermier prend
à son compte l'impôt foncier, il diminue d'autant
le fermage qu'il rend au propriétaire, en sorte
que les choses se passent alors entièrement de
même que lorsque le fermier, après avoir fait
l'avance de l'impôt, en fait, suivant l'usage ordinaire, la déduction sur son fermage. Si l'impôt
foncier d'un domaine vient à éprouver une augmentation de 1,000 fr. Personne ne croira qu'il
sera possible au propriétaire, au moment où il
renouvellera son bail, d'augmenter son fermage
de la même somme, ni même d'une somme
quelconque ; car le fermier lui dira que si l'impôt avait été diminué, le propriétaire aurait fait
son propre profit de cette diminution, et n'aurait
pas cru que pour cela, son domaine en valût
un fermage moindre.

Le taux du fermage étant réglé par la concurrence entre les propriétaires qui offrent des domaines à ferme et les fermiers qui les demandent, il n'y a, dans la quotité de l'impôt foncier, aucune circonstance qui puisse changer les élémens de cette concurrence; ainsi le taux restera le même, quel que soit le montant de l'impôt foncier.

Supposons pour un moment que l'impôt foncier d'un domaine absorbe toute la somme que le fermier est disposé à en payer pour le loyer, il arrivera, ou que le fermier se chargera de l'impôt sans rendre aucun fermage au propriétaire, ou que celui-ci versera entre les mains du percepteur toutes les sommes qu'il recevra de son fermier; le revenu du propriétaire sera totalement anéanti, mais le fermier est entièrement désintéressé dans cette question, car en traitant des conditions du fermage, il a dû regarder comme indifférent pour lui, de verser entre les mains du propriétaire ou du percepteur; et s'il ne juge pas pouvoir payer un fermage de plus de 4,000 fr., par exemple, en supposant qu'aucun impôt foncier ne pesât sur le domaine, il n'y a aucun motif pour qu'il puisse en payer un seul écu de plus, parce que ce domaine serait grévé d'un impôt qui absorberait le quart, la moitié de ce fermage, ou même le fermage tout entier.

L'impôt n'étant donc jamais une charge pour le fermier, ne peut en aucune manière augmenter le prix de production des denrées qu'il tire du sol, et ne peut exercer aucune influence sur le prix de ses produits. Il en est entièrement de même pour le propriétaire qui exploite son propre domaine; seulement ici les charges de la propriété et celles de la production ne se distinguent pas avec autant de netteté, parce qu'elles sont supportées par le même individu; mais ces deux qualités n'en sont pas moins distinctes, et le propriétaire, s'il se rend un compte exact de ses opérations, doit supposer qu'il s'afferme à lui-même le domaine pour une somme déterminée, qui forme *la rente de la terre*; c'est sur cette rente que le propriétaire paie l'impôt foncier, en sorte que l'exploitation du domaine en est entièrement exempte.

C'est donc évidemment par erreur, que quelques personnes qui ont proposé des méthodes de comptabilité agricole, ont fait figurer l'impôt foncier au nombre des dépenses de culture.

Le propriétaire qui cultive son champ, doit compter comme première dépense d'exploitation, la rente ou le loyer qu'il pourrait en tirer s'il l'affermait; mais ensuite il ne peut compter l'impôt comme dépense de culture, puisque s'il tirait la rente d'un fermier, c'est sur cette rente, et non en dehors , que serait pris le montant de l'impôt. Tout calcul qui n'est pas fondé sur ce principe, est radicalement vicieux ; ainsi lorsque l'on considère les dépenses ou les profits de l'agriculture, on reconnaît facilement que la quotité de l'impôt foncier leur est aussi étranger que l'impôt sur les cartes à jouer.

On pourrait dire avec plus de raison, que la diminution de l'impôt foncier tend à favoriser l'accumulation des capitaux , entre les mains des personnes qui pourront les appliquer à la production agricole ; cependant ici, il est encore nécessaire de faire une distinction importante entre les terres qui sont affermées , et celles qui sont exploitées par les propriétaires : pour les premiers , le capital d'exploitation étant fourni par les fermiers qui ne profiteront en aucune manière de la diminution de l'impôt, celle-ci ne peut tendre qu'à augmenter l'aisance des propriétaires , mais non à accroître les capitaux d'exploitation. Il y a néanmoins une portion du capital appliqué à l'agriculture, qui est presque toujours fourni par les propriétaires : c'est celle qui est employée à la construction des bâtimens d'exploitation , des clôtures, etc. Cette portion du capital est d'une haute importance pour la prospérité de l'agriculture, et il n'est pas douteux que si les propriétaires appliquaient à cet usage le montant d'une diminution dans l'impôt foncier, il en résulterait un très-grand accroissement de richesses agricoles. Je suppose qu'un propriétaire qui perçoit annuellement une somme de 20,000 fr. en fermages, voie son revenu augmenté de 2,000 fr. par l'effet d'un dégrévement sur l'impôt foncier : la question est de savoir s'il y a probabilité que le propriétaire appliquera cet excédent de revenu à des constructions nouvelles, afin d'accroître la valeur de ses propriétés; car pour que ce dégrévement soit utile à l'agriculture, il ne suffit pas que le propriétaire *puisse* le faire tourner au profit de la richesse agricole, il faut aussi qu'il y ait probabilité qu'il le *voudra*. Je sais bien qu'on trouverait un grand nombre de propriétaires qui diraient aujourd'hui, qu'ils seraient heureux d'obtenir un dégrévement semblable, pour l'employer de cette manière; mais il nous est facile de juger qu'il n'y aurait au contraire qu'une bien faible partie de cette augmentation de revenu des propriétaires, qui recevrait un emploi aussi utile : celui dont je parlais tout à l'heure, au lieu d'avoir 20,000 fr. de revenu, en aura 22, après le dégrévement; mais examinons maintenant si les propriétaires qui ont aujourd'hui 22,000 fr. de revenu, en appliquent en général à des améliorations foncières, une plus forte proportion que ceux qui n'ont qu'un revenu de 20,000 fr. S'il n'en est pas ainsi, pourquoi supposerions-nous que le propriétaire dont il est question changera de conduite, lorsqu'il sera sorti de la classe des hommes à 20,000 fr. de rente, pour entrer dans celle des hommes qui possèdent un revenu de 22,000 fr.? Pour les neuf dixièmes des propriétaires fonciers, s'ils négligent de faire les dépenses qui pourraient améliorer leur domaine, ce n'est pas la possibilité qui leur manque, mais la volonté, et cet état de choses tient à des causes qui n'ont rien de commun avec l'impôt foncier. Ce n'est pas ici le lieu d'examiner ces causes, parmi lesquelles j'indiquerai seulement l'ignorance si générale, parmi la plupart des propriétaires de domaines affermés, des résultats qu'ils pourraient obtenir par l'application judicieuse de ces dépenses; la diminution de l'impôt ne leur apprendrait rien à cet égard, et il est bien certain qu'il n'y aurait qu'un nombre de propriétaires infiniment petit, qui fût disposé à employer à des améliorations foncières, le montant d'une diminution dans l'impôt qu'ils paient.

Tout ce que je viens de dire se rapporte aux domaines affermés à prix fixe; quant à ceux qui sont exploités par des métayers, il est encore bien plus certain qu'aucune diminution dans l'impôt foncier ne pourrait tourner au profit des améliorations agricoles. Dans l'article *sur les baux à partage de fruits*, inséré dans la 4ᵉ livraison de ces Annales, je crois avoir démontré avec évidence, que ni le propriétaire ni le fermier, ne peuvent, dans ce système d'exploitation, appliquer avec profit une somme quelconque à l'amélioration de la culture; ainsi le propriétaire ne pourrait y employer ce qu'il gagnerait par la diminution de l'impôt foncier.

Si nous considérons maintenant les terres qui sont exploitées par les propriétaires eux-mêmes, nous devons mettre d'abord dans une classe à part les petits propriétaires ou propriétaires manœuvriers qui, possédant des propriétés d'une très-petite étendue, n'y appliquent guère d'autre capital que leur travail et celui de leur famille; ce capital est relativement très-considérable, car la valeur du travail annuel d'une famille appliquée à un hectare de terre et souvent à beaucoup moins, dépasse infiniment la proportion dans laquelle les capitaux sont appliqués à l'exploitation des terres, dans les fermes les mieux soignées et les plus abondamment pourvues, ce qui explique suffisamment la perfection des procédés et l'élévation des produits que l'on peut remarquer en général sur les terres cultivées par de petits propriétaires. Mais la valeur des objets qu'ils sont forcés d'acheter pour aider le travail de leurs bras, par exemple de quelques misérables instrumens, est si petite en proportion de la valeur de leur travail, qu'il est facile de juger qu'une diminution de l'impôt foncier, qui augmenterait certainement l'aisance de cette classe intéressante des habitans des campagnes, n'augmenterait pas d'une manière sensible le capital qu'ils emploient à l'exploitation de leur propriété; car ce capital consiste essentiellement dans le travail de leurs bras, et l'expérience montre suffisamment que lorsque leurs revenus s'augmentent, s'ils donnent lieu à des épargnes, ils cherchent à les employer, soit à l'acquisition de nouveaux terrains, soit de tout autre manière, mais jamais à augmenter un capital qui réellement n'en a nul besoin, et qui par sa nature, n'est susceptible ni d'augmentation ni de diminution. Ce n'est donc pas encore dans cette classe qu'on pourrait dire que l'impôt foncier s'oppose à l'accumulation des capitaux qui s'appliqueraient à l'agriculture.

Il ne nous reste plus que la classe des propriétaires qui font valoir eux-mêmes des terres d'une étendue suffisante pour qu'ils doivent y appliquer en instrumens, bestiaux, etc., un capital de quelque importance, en proportion de la valeur de leur travail personnel. Il est certain que dans cette classe, il se trouverait un certain nombre de propriétaires qui seraient disposés à appliquer à une augmentation de leur capital d'exploitation, les sommes dont ils pourraient disposer par suite d'une diminution dans l'impôt foncier ; mais ce nombre serait encore assez petit, car si l'on observe l'usage que font ordinairement de leurs épargnes, les hommes de cette classe, on remarquera qu'ils sont disposés à les employer presque toujours à l'acquisition de nouveaux terrains, ce qui n'augmente nullement la prospérité agricole du pays, plutôt qu'à accroître le capital qu'ils emploient à l'exploitation de leur propriété.

En résumant ce que je viens de dire relativement à l'impôt foncier, on peut établir cette vérité, que la quotité de cet impôt ne peut exercer qu'une très-légère influence, soit en bien, soit en mal, sur la prospérité agricole d'un pays. Quelques personnes seront peut-être disposées à voir avec beaucoup de peine s'évanouir un talisman au moyen duquel on a cherché souvent à obtenir des législateurs, des diminutions sur l'impôt qui grève les propriétés foncières ; mais j'espère dans ce qui me reste à dire sur les autres impôts, montrer avec évidence que l'intérêt des propriétaires fonciers dans cette question, n'est pas aussi simple qu'il le paraît au premier aperçu, et que les propriétés foncières supportent aussi, dans une proportion beaucoup plus grande que ne le croient beaucoup de personnes, des charges qui semblent lui être étrangères. Tout impôt est un mal, et l'on devrait vivement désirer que la propriété foncière pût être affranchie d'une partie du moins, du lourd fardeau qui pèse sur elle; mais la question doit être posée autrement : la masse d'impôts nécessaire aux dépenses publiques étant donnée, il s'agit de savoir si les propriétaires fonciers eux-mêmes ont intérêt à rejeter la plus grande proportion possible de cette masse, sur d'autres branches de perception. C'est ce que j'examinerai en parlant de divers autres impôts; et l'on pourra voir jusqu'à quel point la propriété foncière est intéressée à tout ce qui peut accroître ou diminuer la prospérité agricole.

§ II. *Des impôts indirects en général.*

Les impôts de consommation augmentent évidemment le prix de production des objets créés par l'industrie, lorsque ces impôts élèvent le prix des matières que l'industrie emploie à la production; mais la matière qui concourt, pour la plus grande proportion, à la création des produits, c'est incontestablement *le travail.* En laissant de côté tous les autres produits industriels, cette proposition trouve une application évidente à ceux de l'agriculture ; ainsi tout ce qui tend à faire renchérir le travail, force nécessairement les agriculteurs à élever le prix des produits, à moins que la rente de la terre ne s'abaisse dans une proportion relative à l'élévation du prix du travail. Mais tous les impôts qui portent sur les objets de consommation de la classe ouvrière, tendent invinciblement à élever le prix du travail; car il faut que le travail nourrisse l'ouvrier, et si le salaire qu'il reçoit n'est pas suffisant pour fournir à sa subsistance et celle de sa famille, le travail ne peut pas continuer, car l'ouvrier ne peut pas vivre. On aperçoit facilement, d'après ce principe, que le prix du travail d'une part, modifié par les impôts sur la consommation, ou impôts indirects, et la rente de la terre d'autre part, ou le revenu des propriétaires, peuvent être considérés comme placés sur les deux plateaux d'une balance, dont l'un ne peut pas s'élever sans que l'autre s'abaisse.

Il peut être intéressant d'examiner les conséquences pratiques de ce principe, dans les circonstances agricoles d'une nation qui a fourni l'exemple le plus remarquable que l'on connaisse, de l'exagération des impôts indirects; on voit bien que je veux parler de l'*Angleterre*. Là, la propriété foncière organisée en aristocratie héréditaire, et maîtresse à peu près absolue de la législation du pays, a épuisé tous les efforts imaginables pour rejeter sur les autres classes de la société, le fardeau d'énormes impôts; la contribution foncière n'y a pas éprouvé de changement depuis plus de deux siècles, et ne s'y porte en général qu'au 20e de la rente de la terre. Les impôts indirects au contraire, s'y sont successivement accrus, et ont atteint une proportion démesurée. Mais pour éviter la baisse effrayante dans la rente des terres, qui était le résultat de ce système, on a été forcé d'élever artificiellement le prix des produits agricoles, au moyen d'une législation qui donne dans de certaines limites, aux cultivateurs du pays, le monopole de la consommation intérieure; et l'on a par ce mécanisme, élevé le prix moyen des grains dans la Grande-Bretagne, à peu près au double de leur prix moyen sur les marchés du Continent. Voyons maintenant ce qu'ont gagné les propriétaires anglais, en créant cette situation monstrueuse. Pour cela, il suffit de comparer le taux de la rente des terres, en Angleterre et en France. Pour établir cette comparaison dans des circonstances égales, il faudrait

que les procédés agricoles fussent également parfaits dans un pays et dans l'autre; car, toutes
choses étant égales d'ailleurs, la rente de la terre
s'élève dans une proportion considérable, à mesure que les procédés de l'agriculture se perfec-
tionnent; que les fermiers appliquent à leurs exploitations, plus d'industrie et plus de capitaux;
cette différence est très-remarquable, si l'on établit
sous ce rapport, la comparaison entre divers
cantons du même pays, par exemple de la France:
nous trouverons qu'en Flandre, en Normandie,
en Alsace, dans la Brie et dans plusieurs autres
parties du royaume, la rente des terres est double ou triple pour des terrains d'égale fertilité,
et à prix à peu près égal des produits, de ce
qu'elle est dans d'autres cantons où l'industrie
agricole est moins avancée. On sent bien que
dans tout ceci, je ne veux comparer entr'eux
que les domaines affermés à prix fixes; car pour
les fermes exploitées à partage de fruits, elles forment, par les motifs que j'ai exposés dans la 4ᵉ livraison de ces Annales, une classe entièrement
à part, et ne peuvent nullement être comparées,
sous le rapport du produit ou de la rente de
la terre, avec les domaines exploités sous le
système de fermage. Pour tous les hommes qui
n'ignorent pas l'immense développement qu'a pris
l'industrie agricole depuis environ cinquante ans

dans presque toutes les parties de l'Angleterre et de l'Écosse, qui connaissent la perfection des procédés au moyen desquels des fermiers éclairés et industrieux, aidés de puissans capitaux et de baux à très-longs termes, sont parvenus à économiser toutes les dépenses de production, il demeurera évident qu'en supposant même l'égalité du prix de vente des produits, la rente des terres aurait dû s'élever dans ce pays, beaucoup au-dessus de ce qu'elle est en terme moyen dans les fermes de la France, et même au-dessus du taux ordinaire des cantons les plus riches et les plus industrieux de notre patrie. Pourquoi, en effet, l'industrie agricole n'aurait-elle pas recueilli, en Angleterre, les mêmes résultats qu'elle y a obtenus dans toutes les autres branches de production, de l'application d'énormes capitaux, de la distribution du travail, et des efforts de l'émulation? Si, dans tant d'autres arts industriels, les fabricans anglais, à l'aide de ces moyens, sont parvenus à produire à plus bas prix encore que les autres nations, pourquoi n'en aurait-il pas été de même dans l'industrie agricole? Et la rente de la terre ne devait-elle pas s'élever dans la même proportion que l'accroissement des bénéfices des fermiers? Ainsi, en supposant que le prix des produits agricoles fût le même dans les deux pays, la rente de la terre serait certainement beaucoup plus élevée en Angleterre qu'en France, si d'autres causes ne s'opposaient à cette élévation; mais lorsque l'on considère que les fermiers anglais, par l'effet de la législation sur les grains, vendent leurs produits à des prix presque doubles de ceux de la France, on concevra sans peine que la rente des terres devrait être, en Angleterre, trois ou quatre fois aussi élevée qu'en France; et dans ce cas, le propriétaire anglais ne serait pas pour cela trois ou quatre fois plus riche que le propriétaire français, car il est indifférent de recevoir 1,000 fr. dans un pays où tel objet de consommation vaut 100 fr., ou de recevoir 2,000 fr. dans un autre où le même objet coûte 200 fr. Si les propriétaires anglais ne tirent pas en effet de leurs terres, en valeur nominale ou en numéraire, une rente double de celle des mêmes terres en France, la terre ne rapporte réellement pas autant dans le premier pays que dans le second; et s'ils n'en tirent pas une rente triple, ou même quadruple, ils perdent tout le profit qui devrait naturellement résulter pour eux, du perfectionnement de l'industrie agricole.

Je vais maintenant chercher à établir, avec autant d'exactitude que le comporte un tel sujet, la comparaison entre les deux pays, sous le

rapport de la rente des terres. Pour la France,
je suis forcé de ne faire entrer dans la comparaison, qu'une portion du territoire, celle
qui forme un peu plus du tiers de l'étendue du
royaume, dans sa partie septentrionale : dans les
deux autres tiers, l'adoption presque générale
du système d'exploitation à partage de fruits, ex-
clut toute possibilité de comparaison, parce qu'il
y a, comme je l'ai fait voir, dans ce système de
fermage, des causes qui modifient tellement l'industrie agricole et les produits des terres, qu'il
est entièrement impossible de mettre les cantons
où il est adopté, en parallèle avec ceux qui sont
exploités, soit par des fermiers proprement dits,
soit par les propriétaires. Dans la partie septentrionale de la France, on trouve bien plus
d'analogie avec le système de fermage usité en
Angleterre : les baux s'y font généralement à
prix fixes, quoique d'une durée bien moins
longue que dans la Grande-Bretagne, ce qui
permet du moins de comparer la rente qu'ils
paient, à celle qui est payée par les fermiers
de l'Angleterre. C'est, au reste, une tâche assez
difficile, que d'évaluer avec quelque préci-
sion, le terme moyen de la rente des terres
sur une grande surface de pays, où elle varie
dans une grande proportion. Heureusement,
dans la recherche qui m'occupe ici, il n'est pas

nécessaire d'atteindre à une exactitude mathé-
matique, et l'on peut admettre une certaine
latitude dans les élémens des calculs sans nuire
à l'évidence des résultats. Les documens officiels
ou administratifs nous fourniraient sans doute
le moyen le plus commode d'obtenir la moyenne
que je cherche ici; mais si l'on veut découvrir
la vérité, il faut bien se dire que l'on ne doit
les admettre qu'avec une certaine défiance; il
est bien connu même que, relativement à ce
sujet particulier de recherches, les documens
officiels sont ordinairement erronés, et pèchent
toujours par défaut plutôt que par excès; en
effet, comme les renseignemens que cherche
à prendre l'administration sur le revenu ou la
rente des terres, ont ordinairement pour but
l'assiette ou la répartition de l'impôt, il est naturel de penser qu'il lui est fort difficile d'obtenir des appréciations exactes, et que les propriétaires font tous leurs efforts pour dissimuler
le produit réel; et il suffit d'avoir été à portée
quelquefois de comparer le produit réel des
propriétés rurales, avec celui qui figure sur les
tableaux de l'administration, pour reconnaître
combien ceux-ci sont presque partout au-dessous
de la vérité.

La partie de la France, que je considère ici
est précisément celle que M. *Charles Dupin*

a soumise à des investigations détaillées dans les *forces productives et commerciales de la France ;* je pourrais néanmoins distraire des départemens qu'il a décrits, deux ou trois d'entr'eux, dans lesquels domine encore, du moins en partie, le système d'exploitation à partage de fruits ; mais cette circonstance exerce une trop légère influence sur les résultats généraux qu'a obtenus M. *Dupin,* pour que je n'admette pas comme première donnée de mes évaluations, les calculs qu'il a établis, et qui ont pour base les documens officiels. D'après le travail de ce publiciste, le revenu territorial moyen des trente-deux départemens de la France septentrionale, se porte à 42 fr. 83 cent. Comme je cherche ici en particulier la rente des terres arables et prés, je dois remarquer que ce résultat comprenant toute la surface du territoire, embrasse les vignes, jardins, etc., dont le revenu est plus élevé que celui des terres arables, quoiqu'il ne le soit communément pas plus que celui des prés. Mais, d'un autre côté, il comprend aussi les forêts, étangs, friches, terres vaines et vagues, dont le revenu est beaucoup moins élevé que celui des terres arables ; et comme cette dernière classe dépasse infiniment en étendue, dans la France septentrionale, celle des vignes, jardins et habitations, il est évident que le revenu moyen des terres arables et prés sur lesquels s'exerce l'agriculture proprement dite, est supérieur au revenu moyen indiqué par M. *Dupin*. D'ailleurs, comme je viens de le dire, ce résultat doit encore être augmenté de quelque chose, si l'on veut obtenir l'expression de la vérité, parce qu'il prend sa source dans des évaluations presque toujours inférieures au revenu réel. Par exemple, le revenu moyen du département du Nord se trouve porté dans les résultats obtenus par M. *Dupin*, à la somme de 85 fr. 99 cent. par hectare; mais si nous consultons l'ouvrage de M. *Cordier* sur l'*Agriculture de la Flandre française*, publié en 1823, nous trouvons qu'en calculant les dépenses de culture d'une ferme dans ce pays, il évalue le loyer des terres à 117 fr., y compris l'impôt foncier payé par le fermier à la décharge du propriétaire. D'après les renseignemens que j'ai pu me procurer dans un assez grand nombre de départemens, j'ai trouvé que partout le taux du loyer ordinaire des terres réunies en corps de ferme, dépasse d'un cinquième ou un quart, le résultat des documens officiels présentés par M. *Dupin*, sur l'ensemble du territoire de chaque département. Chacun peut le reconnaître facilement, pour les localités sur lesquelles il possède des renseignemens particuliers, et j'ai pu m'en assurer avec évidence pour les départemens de la Meurthe, de la Moselle et de la Meuse, que j'ai été à portée d'observer d'une manière plus particulière, et où certainement le taux moyen du loyer des terres réunies en corps de ferme dépasse 40 fr., quoique la moyenne de ces trois départemens, ne se porte, dans les résultats indiqués par M. *Dupin*, qu'à 28 fr. 54 cent. Sans augmenter dans la même proportion, la moyenne totale de 42 fr. 83 cent. indiquée par M. *Dupin*, je crois rester au-dessous de la vérité en l'augmentant d'un quart, *pour les terres réunies en corps de ferme dans les trente-deux départemens du nord de la France*, et en portant le revenu moyen ou la rente de ces terres, à 55 fr. par hectare.

Je vais maintenant chercher à établir la même moyenne pour les fermes de l'Angleterre. Je n'ai rien négligé pour me procurer, à cet égard, les renseignemens les plus certains, et je dois des documens fort intéressans sur ce sujet à l'obligeance de M. *Séguier*, consul général de France en Angleterre, et à plusieurs autres personnes éclairées. D'ailleurs, la plupart des ouvrages d'agriculture qui se publient en Angleterre, contiennent très-fréquemment l'indication de la rente des terres dont les auteurs font mention, ce qui permet à l'homme qui a souvent consulté ces ouvrages, de se former des idées assez justes sur ce sujet.

D'après les données statistiques établies par *Colqu'houn* en 1815, la rente moyenne de toutes les terres en valeur de l'Angleterre proprement dite, sans y comprendre l'Écosse et l'Irlande, se portait à 20 *schellings* par *acre*; il comprend ici, outre les terres soumises à l'agriculture proprement dite, les jardins, pépinières, houblonnières, forêts, etc. Mais les forêts sont proportionnellement beaucoup moins étendues dans cette partie de la Grande-Bretagne que dans le nord de la France, et d'ailleurs leur produit est relativement beaucoup plus considérable, à cause du prix très-élevé des bois, et l'on peut supposer que la rente de cette espèce de propriété est aussi élevée en Angleterre, que celle des terres soumises à l'agriculture, puisque le défrichement n'en est pas limité par des restrictions législatives; de sorte que le taux indiqué par *Colqu'houn*, doit être diminué de quelque chose si l'on veut ne l'appliquer qu'aux terres réunies en corps de ferme, puisqu'il comprend les jardins et autres terrains dont la rente est beaucoup plus élevée que celle des terres arables. En effet, si l'on consulte les divers écrivains agricoles qui indiquent pour les différens comtés, la rente des terres de diverses qualités dont ils font mention, on se convaincra que vers la fin du dernier siècle, et dans les quinze pre-

mières années de celui-ci, il n'y avait qu'un
très-petit nombre de domaines ruraux d'une
haute fertilité, et placés dans le voisinage des
grandes villes, où la rente dépassât 30 ou 40
schellings par *acre*; il y en avait un grand nombre au contraire, dans lesquels la rente ne s'é-
levait pas au-dessus de 8 à 10 *schellings*. En réunissant toutes les données que j'ai pu recueillir
ainsi, dans les ouvrages qui ont été écrits à l'é-
poque dont je parle ici, je serais amené à évaluer la rente moyenne des terres arables de
l'Angleterre, à environ 20 *schellings* par *acre*;
ce qui s'accorde avec l'évaluation de *Colqu'houn*.
Mais depuis 1815, l'état des propriétaires anglais
a considérablement changé ; le prix des grains
s'étant beaucoup abaissé malgré les *lois céréales*,
à l'exécution desquelles le gouvernement a bien été
forcé d'apporter quelques modifications en faveur
des classes ouvrières, et la ruine d'une multitude de
fermiers ayant été la suite de cette dépréciation,
la rente des terres a éprouvé une réduction que
l'on évalue généralement à 40 pour cent; et cette
réduction ne paraît pas encore avoir atteint son
dernier terme, ce qui ne porterait qu'à 12 *schellings* par *acre*, l'évaluation de la rente moyenne
des fermes dans l'Angleterre proprement dite;
cependant je supposerai qu'elle est encore de
20 *schellings*, comme au temps où écrivait *Col-*

qu'houn ; l'acre équivalant à environ 40 *ares,* cela nous donne 60 fr. par *hectare,* pour le produit que les propriétaires anglais tirent de leurs fermes, au lieu de 55 fr., taux moyen que nous avons trouvé plus haut pour les fermes des trente-deux départemens du nord de la France. Si nous voulions prendre à part quelques-uns des départemens du royaume dans lesquels on peut supposer que l'industrie agricole est portée à un degré de perfection correspondant à celui qui est si généralement répandu en Angleterre, nous trouverions que dans les départemens du *Nord,* de la *Seine-Inférieure,* du *Calvados,* et dans les parties les mieux cultivées de l'*Alsace,* la rente des terres varie généralement entre 80 et 100 fr. par hectare, en sorte que dans ces départemens, le revenu des terres est, à égalité présumée d'industrie agricole, à peu près de moitié plus considérable que le revenu des terres en Angleterre, quoique les prix des produits agricoles soient, encore aujourd'hui, de moitié au moins plus élevés en Angleterre qu'en France. Pour apprécier toute l'étendue de cette différence, on doit remarquer que l'excédent du prix des grains en Angleterre, devrait élever la rente des terres dans une proportion bien plus considérable que le rapport des prix des grains dans les deux pays : en effet, le fermier qui serait assuré de vendre ses produits à 5o pour cent de plus qu'il ne les vend aujourd'hui, pourrait certainement payer une rente double de celle qu'il paie, et il y gagnerait encore; car si le produit brut de sa ferme est évalué aujourd'hui à 12,000 fr., on peut présumer qu'il paie une rente d'environ 4,000 fr.; et si le produit brut, par l'élévation des prix de vente, était porté à 18,000 fr. en payant une rente de 8,000 fr., il lui en resterait encore 10,000 pour couvrir les frais de culture et pour son bénéfice, tandis qu'il n'en avait que 8,000 dans le premier cas. On voit donc que le propriétaire anglais qui ne tire que les deux tiers de la rente que lui produirait son domaine, s'il était situé dans un des bons départemens de la France, devrait réellement tirer le double de la rente française, si les circonstances de la production étaient les mêmes dans les deux pays. Ainsi c'est dans le rapport d'un à trois qu'il faut rigoureusement établir la différence, entre la rente des terres en Angleterre, et celle des départemens les mieux cultivés de la France, dans lesquels on peut supposer que l'industrie agricole est portée à un degré de perfection correspondant à celui auquel cet art est parvenu sur la surface moyenne de l'Angleterre. Et si nous considérons, d'après les mêmes données, la moyenne du revenu que nous avons

trouvé pour les trente-deux départemens du nord
de la France, nous trouverons qu'avec une industrie agricole très-inférieure, les propriétaires
tirent encore de leurs terres un revenu presque
double de celui des propriétaires anglais, relativement aux prix respectifs des produits dans
les deux pays, puisque le propriétaire anglais
ne tire qu'une rente à peu près égale à celle du
propriétaire français, tandis que cette rente devrait être au moins double, en prenant seulement en considération la différence des prix
des produits dans les deux pays. Mais si nous
faisons entrer dans la balance la supériorité de
l'agriculture anglaise sur celle de nos trente-
deux départemens pris en masse, nous trouverons
aussi que par l'effet de cette supériorité, et en
supposant égalité dans les prix des produits,
la rente des terres devrait être de moitié au
moins plus élevée en Angleterre qu'en France ;
et en établissant cette proportion, je reste certainement au-dessous de la vérité, comme le
prouve la différence de la rente entre nos départemens les mieux cultivés, et la moyenne des
trente-deux départemens, quoique les prix des
produits n'y soient pas sensiblement différens ;
en sorte qu'en établissant la comparaison entre la
moyenne de ces départemens et l'Angleterre, et
en prenant en considération, d'une part la dif-

férence du prix des produits, et de l'autre la
différence de perfection des procédés de culture,
nous trouverons encore de même que dans la
comparaison avec nos meilleurs départemens,
le rapport de un à trois au moins entre la
rente que tirent les propriétaires anglais de leurs
terres, et celle qu'ils devraient tirer, si à côté
des deux circonstances que je viens d'indiquer,
et qui devraient naturellement élever cette rente,
il ne se rencontrait pas une cause inconnue qui
tend à l'abaisser; ou en d'autres termes, cette
cause enlève aux propriétaires anglais les deux
tiers du revenu qu'ils devraient tirer de leurs
terres, si elle n'existait pas.

Après avoir établi ces faits, il est facile de
juger à quels résultats sont parvenus les propriétaires anglais, en s'efforçant de soustraire
les terres à un impôt direct, pour se décharger
de ce fardeau sur des taxes de consommation,
ou des impôts indirects; car il est impossible
d'assigner à l'exiguité de la rente des terres dans
ce pays, aucune autre cause que la charge oné-
reuse qui pèse sur la production agricole, par
l'effet des impôts indirects..... Un propriétaire anglais offre son domaine à un fermier; celui-ci
lui dit : « Pour exploiter votre ferme, il faut
» d'abord que je paie *tant* pour la taxe des
» pauvres, *tant* pour la taxe sur les chevaux,

» *tant* pour la taxe sur la drèche, etc., etc ; il
» faudra de plus que je paie les journées d'ou-
» vriers à un taux exorbitant, parce que ces
» ouvriers sont grévés eux-mêmes d'une multi-
» tude de taxes sur tous les objets de leur con-
» sommation, et leur salaire à ce taux pourra
» à peine les faire vivre. Il faut bien que tout
» cela soit pris sur le produit de votre terre ;
» ainsi je ne puis vous payer qu'une rente de
» *tant*. » Et il se trouve qu'en définitif, le
propriétaire a payé, sous la dénomination de
taxes de toutes les couleurs, un impôt qui s'é-
lève à deux fois le produit total qu'il tire de
sa terre.

Tout ce qui tend à améliorer la production
agricole, tourne nécessairement au profit du propriétaire : le fermier peut bien en profiter pendant la durée de son bail, mais lorsqu'il y a
lieu à le renouveler, la concurrence qui s'établit
entre les demandeurs réduit nécessairement au
taux ordinaire les profits que le fermier peut
faire par le nouveau bail, et la rente s'élève
naturellement de manière à établir ce niveau ;
en sorte qu'en définitif, c'est la propriété foncière qui gagne seule à toutes les améliorations
que peut éprouver la position des fermiers, soit
par un accroissement d'industrie de leur part,
soit par le soulagement que peut éprouver la pro-

duction agricole, dans la répartition des charges publiques; mais aussi les propriétaires sont irrésistiblement grévés de toutes les charges qui accroissent le prix de la production. C'est ainsi que l'on est parvenu en Angleterre, malgré un développement inouï d'industrie agricole, à une situation telle que les lois prohibitives qui y élèvent artificiellement le prix des subsistances, sont devenues une impérieuse nécessité : si les *lois céréales* étaient abrogées, sans qu'on opérât en même temps un changement complet dans le système des impôts, non-seulement les terres ne produiraient plus aucune rente, mais il serait impossible de les exploiter, même sans en payer aucun fermage, car le prix des produits ne paierait pas les frais de culture; toute la valeur de la propriété foncière serait anéantie. Et malgré la législation qui soutient d'une manière forcée le prix des grains, l'agriculture se trouve placée, en Angleterre, depuis environ 12 ans, dans une position tellement critique, qu'une multitude de fermiers y trouvent tous les jours leur ruine, et que l'art agricole après y avoir été poussé à un si haut degré de perfection, loin de faire de nouveaux progrès, y prend très-sensiblement une marche rétrograde; cependant les propriétaires fonciers de la Grande-Bretagne, grévés indirectement de tout le poids des impôts qui ne portent en apparence que sur les fermiers, paient effectivement, à côté d'un impôt foncier presque insignifiant, bien au-delà du milliard qui forme, en France, la masse des impôts de toute nature.

Je crois en avoir assez dit pour faire apprécier la relation qui existe forcément entre les impôts indirects en général, et les revenus de la propriété foncière ; cependant tous ces impôts ne portent pas également sur la production agricole. Je vais examiner successivement, ceux d'entr'eux auxquels on peut attribuer la plus grande part d'influence sur cette branche d'industrie.

§ III. *De l'impôt sur le sel.*

De tous les impôts indirects, celui qui est le plus onéreux pour la production agricole, est, sans aucun doute, *l'impôt sur le sel*, parce qu'il forme une charge qui pèse sur tous les individus qui prennent directement ou indirectement part à cette production, et qu'il accroît ainsi nécessairement, non-seulement le prix du travail qui est employé immédiatement aux opérations de l'agriculture, mais celui qui concourt à la production de tous les objets qu'elle doit employer; on a calculé que chaque individu consomme

en terme moyen 6 kilog. 73 décag. de sel par année, ce qui forme pour une famille composée de 5
personnes, une consommation annuelle de 33
kilog. 65 décag. Au taux actuel de l'impôt, chaque
famille en paie ainsi un peu plus de 9 fr. On peut
admettre que dans deux familles, il se trouve trois
individus valides, dont le travail doit suffire à la
subsistance des deux familles; ainsi chaque individu valide doit augmenter le prix de son travail pour l'année d'une somme d'environ 6 fr.,
pour acquitter sa quote part dans l'impôt sur le
sel, qui est plus nécessaire à sa subsistance que
le pain lui-même, puisque le pain peut être
jusqu'à un certain point remplacé par d'autres
alimens, tandis que rien ne peut suppléer au sel.
Une ferme qui emploie en moyenne le travail de
20 individus pour les opérations de tout genre
qui y sont exécutées, ainsi que pour la production
des objets qui sont achetés au dehors, comme
instrumens en fer, en bois, en cuir, etc., est
donc grévée annuellement d'une charge de 120 fr.
par l'impôt sur le sel; et pour former ces vingt
individus, il faut comprendre non-seulement le
maréchal qui a fait la charrue, mais les forge-
rons qui ont concouru à la production du fer
qui entre dans sa construction, les ouvriers
qui ont extrait le minérai, qui ont abattu et fa-
çonné le bois converti en charbon qui a alimenté

la forge, etc., etc.; en un mot, tous ceux qui, depuis le premier degré de la production, ont concouru par leur travail à créer tous les objets consommés ou employés dans la ferme; car le prix des produits, s'accroissant successivement de toutes les dépenses de production, il a bien fallu que la ferme supportât définitivement toutes ces dépenses.

Les 120 fr. que supporte annuellement cette ferme pour sa quote part de l'impôt sur le sel, sont à la charge du propriétaire qui la cultive lui-même ou qui en perçoit le fermage, tout aussi réellement que la quote pour laquelle il est imposé aux rôles fonciers, car le fermage s'en trouve nécessairement diminué d'une somme égale à la portion d'impôts indirects supportés par la ferme. On évalue en général aux deux tiers de la population totale de la France, celle dont le travail est employé directement à la culture de la terre. Si l'on veut y joindre la partie de la population qui y concourt indirectement, par la production des objets que la culture emploie, on verra que les trois quarts au moins des 60 millions que l'impôt sur le sel fait entrer chaque année au trésor, sont acquittés par la propriété foncière.

On a considéré sous d'autres points de vue les inconvéniens de l'impôt sur le sel relativement à l'agriculture; mais j'avoue qu'il me semble qu'il y a de l'exagération dans les allégations présentées par beaucoup de personnes, sur les avantages que l'agriculture pourrait tirer de l'emploi du sel, s'il était à bas prix, soit en l'administrant aux bestiaux, soit en l'employant comme amendement sur les terres; du moins, je n'ai jamais remarqué, ni dans ma pratique, ni dans les observations que j'ai été à portée de faire, aucun fait qui puisse justifier la haute utilité que beaucoup de personnes attribuent à l'usage de donner du sel au bétail. J'en excepte néanmoins les opérations relatives à l'engraissement des bestiaux, dans lesquelles il est évidemment utile d'accroître artificiellement, par une dose de sel, l'appétit qui se soutient difficilement dans les animaux auxquels on distribue des alimens dans une proportion très-considérable, comme on doit le faire dans ce cas. Cependant, en réduisant même à cette opération, les circonstances où il peut être réellement utile d'employer le sel pour les animaux, l'agriculture trouverait encore un avantage fort considérable à la suppression ou à une forte diminution de l'impôt sur le sel. Quant à l'emploi de cette substance comme amendement des terres, je ne connais aucun fait qui puisse justifier les assertions de plusieurs écrivains sur ce point; mais en mettant de côté les argumens que

*

l'on a fondés sur cette considération, il n'en reste pas moins constant qu'il n'est pas d'impôt plus onéreux pour la production agricole, que celui qui est perçu sur le sel.

§ IV. *Des Capitations.*

Les capitations en général, et notre *impôt personnel et mobilier* en particulier, exercent évidemment sur la production agricole, une action semblable à celle de l'impôt sur le sel consommé par les hommes, pour la portion de ces taxes qui pèse sur les individus employés directement ou indirectement aux travaux de l'agriculture; ainsi tout ce que j'ai dit dans l'article précédent sur ce sujet, peut s'appliquer également à l'impôt personnel. Mais comme cet impôt n'est pas très-onéreux en France pour les classes ouvrières, il n'en résulte qu'une charge légère pour la production agricole.

§ V. *De l'impôt sur le tabac.*

Cet impôt doit être considéré sous deux points de vue très-distincts : 1° comme charge pesant sur les consommateurs de ce produit; 2° comme restriction à la culture de la plante, par l'effet du monopole qui accompagne l'impôt.

Comme taxe sur un objet de consommation, l'impôt sur le tabac augmente certainement le prix du travail, et exerce en conséquence, sur la production agricole, un effet analogue à celui que j'ai indiqué en parlant de l'impôt sur le sel. Cependant son influence est beaucoup plus faible, parce que l'usage du tabac n'est pas très-répandu parmi les habitans des campagnes, et qu'ils savent s'en priver, ou du moins en restreindre beaucoup la consommation, lorsque le taux de leur salaire ne leur permet pas de se procurer cette jouissance. Par ce motif, je ne crois pas qu'on doive considérer cette charge comme très-pesante pour l'agriculture.

Si nous considérons maintenant la question sous le rapport des restrictions apportées à la culture du tabac, j'avoue que j'éprouve quelque embarras à exprimer mon opinion sur les avantages que l'agriculture pourrait retirer de la suppression du monopole qui restreint cette culture, parce que j'attache à cette restriction moins d'importance que ne le font beaucoup d'hommes non-seulement très-honorables, mais remplis de lumières et animés des plus pures intentions. J'exposerai mon opinion avec franchise, et c'est au jugement des hommes mêmes qui en ont émis une différente, que je me plais à soumettre les motifs sur lesquels la mienne se fonde.

La culture du tabac est fort lucrative pour ceux qui s'y livrent, malgré les incommodités et l'arbitraire qui accompagnent le régime du monopole; de là il est résulté naturellement que les habitans des départemens où cette culture est autorisée, supportent avec beaucoup d'impatience les restrictions que leur impose l'administration, et désirent vivement de jouir des avantages que l'expérience leur montre dans cette culture, en s'affranchissant des entraves qui les accompagnent; d'un autre côté, les cultivateurs des autres départemens du royaume, connaissant les profits que procure cette culture à ceux qui peuvent s'y livrer, sollicitent avec de vives instances, la faculté d'entrer librement en partage dans une spéculation agricole qui procure l'aisance à leurs voisins. Mais on ne voit pas que si la culture du tabac est plus lucrative qu'une multitude d'autres, c'est précisément à cause des restrictions qui y sont apportées, et même à cause des entraves et des embarras qui l'accompagnent; car il faut bien que tous ces inconvéniens soient compensés par quelque chose, autrement personne ne consentirait à les subir, et la culture du tabac serait délaissée. Mais que cette culture soit libre, et l'on verrait, dans peu d'années les profits qui en résultent, se niveler avec ceux que présentent la culture de beaucoup d'autres plantes. Il en serait inévitablement du tabac comme de la garance, qui a offert pendant quelque temps aux cultivateurs des bénéfices fort importans, mais qui, par l'effet naturel de la concurrence, a fini par payer à peine les frais de sa production, et dont, par ce motif, il a fallu restreindre infiniment la culture. Il est certain même que cet effet arriverait beaucoup plus promptement pour le tabac que pour la garance, parce que cette dernière exigeant un sol entièrement spécial, sa culture n'a pu être tentée avec quelque espoir de succès, que dans un très-petit nombre de localités. Le tabac, au contraire, exige bien un sol riche et fortement amendé, mais il se trouve presque partout, en plus ou moins grande quantité, des terrains de cette nature, où l'on peut le cultiver avec succès. Il est bien facile de prévoir que, sous le régime de la libre culture, celle du tabac s'étendrait avec une prodigieuse rapidité, et atteindrait promptement les limites au — delà desquelles elle deviendrait moins lucrative que celle des autres récoltes que l'on peut demander aux terrains de ce genre.

On a fait remarquer que l'étendue de terrain consacrée aujourd'hui en France à la culture du tabac, est de moitié moindre qu'elle ne l'était à l'époque où cette culture était libre ; et l'on en

a conclu que l'agriculture perdait annuellement
la valeur du produit des 7,000 hectares sur lesquels le tabac a cessé d'être planté. Mais il y
a ici une grave erreur : le tabac n'est pas une
de ces plantes qui puisse se cultiver sur des terrains qui, sans cela, ne seraient pas employés
chaque année à produire un autre genre de
récoltes. La terre propre à cette culture, figure
dans la première classe de celles qui sont soumises aux travaux agricoles : les terrains les
plus riches et les plus fertiles conviennent seuls
à cette plante; ces terrains qui appartiennent à
la culture jardinière plutôt qu'à la culture ru-
rale, ne connaissent pas la jachère, dans quelque pays que ce soit, et encore bien moins
dans les cantons où l'industrie agricole présente
assez d'activité pour que l'on songe à y introduire
la culture du tabac qui est placée au premier
rang, parmi celles qui exigent impérieusement
des soins et des travaux multipliés de la part
des cultivateurs; sur les sols de ce genre, le
propriétaire n'éprouve que l'embarras du choix
des récoltes qu'il doit y placer chaque année,
car ils sont propres à tout. On peut bien assurer
que des 7,000 hectares qui perdent la culture
du tabac, il n'en est pas un seul qui ne soit
chargé chaque année de riches récoltes; et si
dans les premiers momens de cette industrie, le

tabac donnait réellement un bénéfice supérieur à celui qu'on tire aujourd'hui des mêmes terrains, cet effet serait de très-courte durée, et bien peu d'années se passeraient avant que le produit moyen de ces terrains ne redescendît, sous le régime de la libre concurrence, à son taux antérieur. En général, on est trop disposé à croire que l'introduction d'une nouvelle récolte enrichit toujours l'agriculture : cela n'est vrai que lorsque cette plante fournit un moyen d'utiliser des terrains qui, sans elle, resteraient improductifs comme c'est le cas pour le sainfoin dans beaucoup de localités, ou lorsque la nouvelle récolte peut occuper dans les rotations de culture, une place qui était abandonnée à la jachère ou qui n'était pas remplie par une autre plante avec autant d'avantage pour le cultivateur. Il ne me paraît pas que le tabac remplisse aucune de ces conditions ; et dans mon opinion, l'extension de la culture de cette plante ne pourrait pas exercer une grande influence sur la richesse agricole du pays, dès que les profits de cette culture seraient, par l'effet de la libre concurrence, réduits au niveau de ceux que présentent les cultures que l'on peut lui assimiler sous le rapport de la nature du sol, ou des travaux qu'elles exigent. D'ailleurs, cette étendue même de 7,000 hectares que quelques personnes prétendent perdus pour la richesse agricole, montre combien faible serait l'importance de l'extension de cette culture, sur la prospérité agricole du pays : il ne faut pas que le territoire d'une commune soit très-étendu pour comprendre 1,000 hectares; ainsi les 7,000 hectares représenteraient la surface du territoire de sept communes. Je demande quel poids pourrait apporter dans la masse générale des produits de la surface du royaume, un changement de culture sur une étendue aussi limitée, et qui ne forme guère que la centième partie de la surface d'un de nos départemens de moyenne étendue?

L'extension de la culture du tabac ne pourrait apporter une augmentation de quelque importance à la masse des richesses nationales, que dans le cas où il serait possible de produire en France les qualités de feuilles que l'on est forcé de tirer de l'étranger; mais rien ne fait espérer que l'on puisse jamais parvenir à ce résultat. De toutes les propriétés des végétaux, celles qui présentent le moins de prise aux procédés de l'art, et que l'on peut le moins améliorer par les soins et la culture, ce sont celles qui dépendent d'un parfum ou d'un arome particulier, que les plantes doivent moins à leur espèce, qu'au terroir dans lequel elles croissent. Si l'on parcourt le cercle des divers produits végétaux qui doivent une partie considérable de leur valeur à un arome de ce genre, comme les vins, le café, le houblon, etc., etc, on verra que l'art est ici entièrement impuissant pour imiter la nature. Je pense donc qu'il faut renoncer à l'espoir de remplacer par des tabacs récoltés en France, ceux que l'on tire de la *Virginie*, du *Maryland*, etc.; la France restera donc réduite à produire des tabacs de basse qualité, dont la valeur ne dépasse pas la moitié ou le tiers de celle des tabacs qu'il faudra toujours importer; et il est très-probable que sous le régime de la fabrication libre, la consommation de ces tabacs étrangers s'accroîtrait dans les fabriques par l'effet des soins que la concurrence forcerait les manufacturiers à mettre dans le choix des matières premières, afin de satisfaire le goût des consommateurs, soins qui embarrassent peu la régie, parce qu'elle est assurée qu'il faudra bien que l'on se contente de ses produits.

Dans la discussion animée qui s'est élevée sur ce sujet, au commencement de la session actuelle des Chambres, tout le monde, sans en excepter les plus ardens adversaires du monopole, a paru d'accord sur ce point, que le tabac est une bonne matière imposable, et qu'en supprimant le monopole, il faudrait le remplacer par un autre système d'impôt qui produisit les 45 millions que le mode actuel fait entrer au trésor. Ainsi nous pouvons partir de cette base *que le tabac doit annuellement 45 millions au fisc;* il s'agit de savoir par quel moyen on peut le contraindre à acquitter cette dette, si l'on supprime le monopole. J'avoue qu'en examinant sous ce point de vue, les diverses propositions qui ont été faites avec plus ou moins de développement, je suis resté convaincu, non-seulement de la faiblesse et de l'insuffisance des divers moyens que l'on a indiqués, mais aussi des inconvéniens très-graves qu'ils entraîneraient dans l'exécution. On peut bien frapper les tabacs étrangers d'un droit à l'entrée dans le royaume; l'administration des douanes pourrait seule déterminer à quel taux il serait possible de porter ce droit; mais il ne fournirait jamais qu'une bien faible partie de la somme qu'il s'agit de lever sur le tabac. Il serait encore possible d'établir un impôt sur la plante cultivée dans l'intérieur, en fixant une somme déterminée par hectare ou par pied de tabac; cependant il est facile de prévoir que la perception de cet impôt entraînerait déjà de nombreuses difficultés, car il faudrait établir aussi un mode de dégrévement, en cas de non réussite ou de demi-réussite des récoltes, circonstance toujours très-difficile à

constater, et qui ouvrirait la porte à un arbitraire, dans lequel les intérêts privés ou ceux
du trésor auraient bien souvent à souffrir. D'ailleurs le produit de cet impôt serait encore bien
faible, car on jugera sans doute qu'une taxe
de 100 fr. par hectare serait déjà bien élevée et
fort difficile à percevoir; cependant, en supposant que la culture sous le poids de cette taxe,
s'étendît sur 14,000 hectares, étendue qui était
cultivée en tabac sous le régime de liberté, l'impôt
ne produirait en totalité, et sans aucune déduction de non-valeur et frais de perception, qu'une
somme de 1,400,000 fr. ce qui est bien éloigné
de nos 45 millions. Cependant je ne puis concevoir que l'on songe à aller plus loin, et à
établir comme on l'a proposé, des droits sur la
fabrication et la vente de ce produit; car il me
semble que la nature même de la matière qu'il
s'agit d'imposer repousse toute possibilité de la
suivre dès qu'elle a dépassé la ligne des douanes, ou qu'elle a été séparée du sol qui l'a produite. On a dit que la régie suit bien les boissons
jusque chez les plus minces débitans des villages,
et qu'elle pourrait le faire de même pour le tabac : je m'arrêterai un instant sur les différences
qui existent à cet égard entre les deux matières,
parce que c'est là que réside toute la question :
en effet, tout droit de fabrication ou de vente,

est subordonné à la possibilité de suivre la matière qui forme l'objet de ce droit, depuis l'instant de la production ou de l'introduction sur le territoire du royaume, jusqu'au moment de la consommation; et la possibilité de suivre la matière, dépend elle-même de deux choses, 1° la quotité du droit relativement à un poids ou à un volume donné de la matière, parce que c'est ce rapport qui donne plus ou moins d'encouragement à la fraude; 2° du plus ou du moins de facilité que peut présenter telle ou telle matière, pour être transportée en fraude ou se soustraire aux recherches. Sous ce dernier rapport, le tabac diffère essentiellement des liquides, car la nécessité de renfermer ces derniers dans des vases pesans ou très-casuels, restreint infiniment la facilité de les transporter en fraude. On voit souvent dans les départemens voisins des frontières, des contrebandiers qui parcourent les villes et les campagnes, offrant du tabac en feuilles ou en poudre, aux personnes dont ils ne croyent pas avoir à craindre une dénonciation. Un homme revêtu d'une blouse, voyage avec hardiesse sur les routes, entre dans les villes, en parcourt les rues, portant une dixaine de kilog. de tabac, sans que sa démarche puisse éveiller aucun soupçon : quelques paquets de la marchandise sont logés sous la coiffe de son chapeau, le reste est distribué dans ses poches, et presque jamais on ne saisit aucun de ces fraudeurs, parce que pour les découvrir, il faudrait prendre le parti de fouiller à fond tous les passans. Ce tabac provient des fabriques établies dans l'étranger, et il a traversé presque toujours impunément, la triple ligne des douanes, où la surveillance est certainement portée aussi loin que peut le permettre un régime qui ne veut pas passer pour décidément oppressif.

La contrebande s'exerce aussi sur les liquides ; mais on observe une différence frappante dans les circonstances de l'exécution : c'est à dos, et sur des hottes que s'opère ce transport, lorsqu'il se fait à une distance trop grande pour qu'on puisse l'exécuter avec sûreté sur des voitures. Les fraudeurs suivent des sentiers détournés, dans les bois ou dans les lieux couverts ; car ils ne pourraient espérer de soustraire aux regards la marchandise qu'ils portent ; il faut donc qu'ils se cachent eux-mêmes, et un homme est beaucoup plus embarrassé en marchant avec deux bouteilles de vin cachées, du poids de 2 kilog., qu'avec 10 kilog. de tabac. Il résulte de là que si la fraude s'exerce aujourd'hui sur les liquides, on ne pourrait prévenir celle qui s'exercerait sur le tabac, qu'en limitant l'impôt sur cette matière, à un droit quatre ou cinq fois

moindre, à poids égal, que celui qui pèse sur
les boissons ; car, dès l'instant où la culture serait libre, on pourrait se procurer partout la
matière de la fraude, de même qu'on le fait
aujourd'hui pour le vin et l'eau-de-vie. Si l'on
considère maintenant que le droit qui pèse sur
les vins n'atteint pas 5 fr. par hectolitre dans la
plupart des localités, ce qui ne fait que 0,05 cent.
par kilog., et que celui qui détermine à exercer
la fraude sur les eaux-de-vie, ne se porte dans
la plupart des cas qu'à environ 25 cent. par
litre ou kilog., on peut facilement juger s'il y
aurait la moindre apparence de possibilité de
réprimer la fraude sur le tabac, si l'on frappait
cette matière d'un droit qui devrait dépasser
6 fr. par kilog., pour atteindre aux 45 millions
que l'on veut demander à cet impôt. Il me semble
évident que la tentative même ne pourrait en
être faite qu'au moyen de mesures de recherche
et de répression qui seraient entièrement intolé-
rables pour la nation, et devant lesquelles recu-
leraient certainement les employés les plus dé-
voués. Il ne suffirait pas d'autoriser les employés,
les gendarmes, etc., à arrêter, visiter et fouiller,
sur tous les points du royaume, les individus
de tout sexe et de tout âge ; il ne suffirait pas
de soumettre à leurs perquisitions, les voitures
suspendues comme tous les autres moyens de

transport, il faudrait encore que ces opérations de recherches fussent réellement exécutées, et très-fréquemment, sur les routes, sur les chemins détournés, et dans tous les recoins du territoire; il faudrait, en un mot, transporter sur toute la surface de la France, le système de rigueur que l'on met en usage sur les lignes des douanes, et je suis convaincu même qu'il faudrait encore en accroître la sévérité. L'agriculture devrait repousser un tel bienfait, quand même elle aurait réellement un intérêt puissant à la libre culture du tabac, et ce n'est certes pas là ce que désirent les hommes honorables qui sollicitent la suppression du monopole; mais je crois que ce serait l'inévitable conséquence d'un système d'impôts par lequel on voudrait concilier la liberté de culture et de fabrication du tabac, avec la perception d'un impôt de 45 millions, et même de beaucoup moins; car, lorsque Mr le Ministre des finances a dit que l'on ne pourrait porter au-delà de 15 millions, l'impôt combiné avec la libre culture, il me semble qu'il est resté encore au-delà des limites que lui tracerait la nature même des choses, s'il fallait en venir à l'exécution.

En résumant les réflexions que je viens de présenter sur ce sujet, je dirai qu'il me semble que la question doit être posée ainsi : 1° le gouvernement peut-il se passer des 45 millions que lui procure l'impôt sur le tabac ?.... 2° Dans le cas de la négative, serait-il préférable de transporter cette recette sur quelque autre objet de consommation, ou sur une contribution d'une autre nature ?.... Si ces deux questions sont résolues négativement, je regarde le monopole avec tous ses inconvéniens, comme une déplorable mais impérieuse nécessité.

En apportant une médiocre attention aux circonstances qui ont accompagné les réclamations contre le monopole du tabac, on reconnaît facilement qu'elles ont été dictées par l'intérêt du commerce et de la fabrication, plus encore que par celui de l'agriculture; cependant il me semble qu'il y aurait encore une grave erreur à croire que l'industrie et le commerce pourraient recevoir un certain degré de prospérité et de développement, en s'exerçant sur une matière grévée d'un énorme impôt, et dont la vente et la circulation seraient assujéties à toutes les entraves que nécessiterait la perception de cet impôt. Je pense qu'une industrie ainsi garrotée, laisserait souvent regretter aux hommes qui s'y livreraient, le monopole qui la leur avait interdite.

Dans la discussion qui a eu lieu sur le monopole du tabac, à côté de questions financières, on a soulevé des questions de principes. Le cercle que je me suis tracé dans cet écrit, ne me permet pas de les aborder ; je crois devoir dire néanmoins que s'il m'avait paru que le monopole du tabac blessât gravement quelqu'un de ces principes qui font la base de l'ordre légal, je me serais abstenu de présenter ici des observations qui peuvent servir à appuyer l'opinion de ceux qui en défendent la prolongation. Je crois que si l'on eut apporté à la défense du système actuel, autant de talent qu'on en a mis à l'attaquer, on eût facilement démontré que ce monopole ne fait qu'apporter au droit de propriété, une de ces restrictions dont il est impossible de contester le droit à la société, et qui ne peuvent devenir un sujet de blâme, que lorsqu'elles favorisent d'autres intérêts que l'intérêt commun.

Ceci ne sera publié que long-temps après que la question sera résolue ; mais elle se reproduira ; et puisque le sujet que je me suis proposé de traiter, me forçait d'aborder cette question, j'aime bien mieux donner le jour à une opinion comme la mienne, avant l'époque de la discussion, qu'à l'instant où les intérêts sont en présence, et où l'on juge rarement avec calme.

§ VI. *Du droit d'enregistrement sur les baux à ferme.*

S'il est vrai que la sécurité d'un bail et même d'un long bail, forme un des plus puissans encouragemens à l'amélioration de la culture, dans tous les domaines exploités par des fermiers, on est forcé de reconnaitre que le droit énorme que l'on exige d'un fermier au moment de son entrée en jouissance, est un des impôts les plus déplacés, et les plus désastreux pour l'agriculture. Il est bien certain que le défaut d'un capital suffisant, forme, pour presque tous les fermiers en France, le principal obstacle à toute amélioration dans leurs procédés ; et c'est au moment où un fermier va se trouver dans la nécessité de déployer toutes les ressources de son industrie pour suppléer à l'insuffisance de ses moyens pécuniaires, que vous le forcez à se priver encore d'une portion fort importante du petit pécule qui pouvait assurer le succès de son entreprise!... Ici ce n'est pas sur un revenu que se perçoit l'impôt, c'est sur le capital que s'opère le prélèvement ; c'est au moment même où ce capital va recevoir un emploi qui doit le faire fructifier dans la branche d'industrie la plus importante pour la richesse générale. Si l'on parcourt le cercle de tous les impôts, on n'en trouvera aucun qui tende plus directement à s'opposer à l'accumulation des capitaux appliqués à l'agriculture, et à perpétuer ainsi l'état misérable dans lequel elle se trouve, dans les neuf dixièmes des fermes de la France. On doit dire aussi que ce droit étant proportionnel à la durée du bail, forme un puissant obstacle à l'établissement de cet usage des longs baux, que le législateur devrait encourager de tous ses efforts.

Il est bien vrai que le droit d'enregistrement des baux est très-souvent éludé par les fermiers, et n'enlève par ce motif à l'agriculture, qu'une très-petite partie des capitaux qu'il est destiné à lui soustraire. Il y a en particulier quelques départemens dans lesquels il est presque sans exemple que l'on fasse enregistrer un bail à ferme; aussi la perception de ce droit ne doit procurer au trésor qu'une somme assez modique. Mais il résulte de là un autre inconvénient plus grave peut-être encore que la soustraction d'une portion du capital appliqué à l'agriculture : la législation, dans l'intérêt du fisc, et pour contraindre les fermiers à se soumettre à l'impôt, n'accorde au bail sous seing-privé, qu'une garantie très-précaire pour le fermier, puisque ce dernier peut être évincé par une mutation de la propriété; et si quelque circonstance vient déterminer le propriétaire ou le fermier à soumettre le bail à l'enregistrement après l'expiration des délais fixés par la loi, le fermier encourt une amende énorme qui peut occasionner sa ruine. Il est facile de concevoir que tout fermier qui jouit sur la foi d'un bail semblable, travaillera peu pour l'avenir ; car rien ne peut le déterminer à entreprendre quelque amélioration dont il ne doit pas recueillir immédiatement les fruits, si ce n'est la certitude d'une jouissance qui lui accordera le temps nécessaire pour s'indemniser de ses avances. C'est à bien juste titre que l'on a souvent répété que la courte durée des baux à ferme présente un des plus puissans obstacles à toute l'amélioration agricole, et à tout accroissement dans la rente des terres; mais un bail non enregistré est, sous ce rapport, presque encore pire que le bail le plus court, car il ne donne au fermier de sécurité pour aucun terme quelconque. Cependant le plus grand nombre des fermiers s'en contentent, parce que dans l'état actuel de la législation, il leur serait impossible d'acquitter le montant du droit, sans se priver des moyens les plus indispensables aux succès de leur entreprise.

Lorsqu'on examinera cet objet avec quelque attention, je ne doute nullement que l'on ne sente tous les avantages que l'agriculture retirerait d'une législation qui affranchirait de tout droit proportionnel les baux à ferme d'une certaine durée, par exemple de quinze ans et au-dessus ; et si l'on ne croyait pas devoir affranchir également les baux d'une moindre durée, il faudrait du moins que le droit proportionnel fût extrêmement modéré. Une disposition semblable présenterait un puissant encouragement pour les baux à longs termes ; si des *primes d'enregistrement* n'étaient pas une chose si nouvelle dans notre législation, je proposerais, afin de rendre cet encouragement encore plus efficace, d'accorder des primes proportionnelles aux fermiers qui présenteraient à l'enregistrement des baux de trente ans et au-delà. Quelques centaines de mille francs distribués ainsi chaque année, mettraient certainement dans la balance de la richesse publique, un poids d'une bien autre importance que les primes que l'on accorde chaque année aux bâtimens armés pour la pêche de la baleine. Quant aux dispositions de nos lois actuelles qui infligent à tout fermier une amende graduée sur la durée du bail qu'il contracte, je ne sais pas s'il serait possible de citer, en législation, un exemple où l'on produise autant de mal pour un aussi mince intérêt.

§ VII. *De l'impôt sur les boissons.*

Il m'est impossible d'aborder ce sujet sans faire précéder ce que j'ai à en dire, par quelques considérations sur les rapports qui existent entre la culture de la vigne, et l'agriculture proprement dite; car ces rapports doivent, dans mon opinion, entrer pour beaucoup dans la solution de la question relative aux impôts qui frappent les produits de la vigne; et je suis forcé d'entrer d'abord dans une discussion presque grammaticale sur la signification que l'on doit attacher au mot *agriculture;* car en l'employant dans un sens trop étendu, je crois qu'on a souvent confondu des idées et des choses qu'il importe infiniment de distinguer dans l'intérêt de l'agriculture.

Lorsque l'art de la culture n'avait encore reçu que peu de développement, il n'est pas surprenant que l'on ait confondu sous une même dénomination, les divers modes selon lesquels l'homme civilisé exploite à son profit les produits du sol, et les modifie selon ses besoins; mais à mesure que les procédés que l'on emploie dans les diverses branches de cet art, deviennent plus parfaits, et exigent plus d'é-

tude, d'application et de travail, il est impossible que l'on ne sente pas la nécessité de
classer sous des dénominations différentes, des
branches d'industrie qui, par le cours ordinaire
de la civilisation, et par l'effet des progrès de
la division du travail, deviennent l'occupation
d'autant de classes d'hommes distinctes. Je n'ai
pas besoin de faire remarquer que cette marche
est commune à toutes les branches de connaissances humaines : dans les sciences morales,
politiques, physiques et naturelles, dans la lit-
térature, dans les arts et dans l'industrie, tout
se classe, se divise et se sous-divise, dans le
rapport même des progrès de l'esprit humain,
et des perfectionnemens ou de l'extension que
reçoit chaque branche de connaissance. Ainsi, si
je pense que la culture de la *vigne*, des *jardins*,
des *forêts*, doit être regardée comme entièrement distincte de l'*agriculture*, ce n'est pas seulement parce que ce dernier mot signifie litté-
ralement culture des champs, et qu'une vigne
n'est pas un champ, pas plus qu'un jardin ou
une forêt; mais c'est surtout parce que l'agriculture s'exerce sur des terrains qui lui sont spécialement consacrés, par des procédés fort différens de ceux qu'emploient les autres genres
de culture, qu'elle exige des connaissances entièrement distinctes, qu'elle occupe une classe

d'hommes à part, et qui doivent y appliquer des connaissances toutes spéciales. L'agriculture a pour premier objet la production des grains qui forment la base de la nourriture de l'homme, et l'éducation des animaux qui trouvent leur subsistance dans les produits de la terre; elle crée également les produits végétaux qui viennent s'intercaler sur les mêmes terrains, avec les récoltes de céréales, ou les plantes destinées à la nourriture des animaux, comme les plantes textiles, tinctoriales, oléagineuses, etc., ainsi que plusieurs produits alimentaires. Tout cela forme un ensemble bien lié et bien compacte, si je puis m'exprimer ainsi, parce que tous ces produits si divers se lient entr'eux par des rapports nécessaires, qu'ils s'aident dans leur production mutuelle, et qu'ils sont en un mot créés par une même industrie. L'agriculture ainsi restreinte, présente encore un champ bien vaste dans ses développemens; et sous le rapport de son importance dans la richesse publique, comme de son utilité pour les besoins de l'humanité, elle marche la première parmi toutes les industries : le pain qui, dans nos usages, forme au-delà des trois quarts de la nourriture de l'homme, une multitude d'autres substances végétales alimentaires, la viande de boucherie, les cuirs, la laine, le chanvre et le lin qui entrent dans nos vêtemens, le lait, le beurre, le fromage, ainsi que l'huile et le suif qui nous éclairent, plusieurs boissons spiritueuses, les animaux qui, comme moteurs, sont employés à des usages si variés dans l'état social, et une foule d'objets employés dans les arts ; voilà les produits de l'agriculture circonscrite dans les limites que j'indique ici ; comme branche de connaissance, elle embrasse un cercle tellement étendu, qu'il n'est certes pas besoin de lui réunir d'autres industries analogues, pour qu'elle suffise à l'occupation d'un homme tout entier, et aux recherches de l'esprit le plus actif et le plus laborieux. Mais la culture de la vigne, des jardins, des forêts, s'exerce sur des terrains entièrement distincts de ceux qui composent le domaine de l'agriculture proprement dite, et elle ne se lie à celle-ci par aucun rapport nécessaire : ce sont des arts entièrement distincts, dont les procédés sont fort différens, et qui sont ou du moins peuvent toujours être exercés par des classes d'hommes séparées.

D'après la distinction que j'établis ici, la culture de la terre se divise en quatre grandes branches : l'*agriculture*, l'*horticulture*, la *viniculture*, et la *silviculture*. On me pardonnera, je l'espère, de m'emparer de vive force de ce dernier mot; il a bien fallu me l'approprier, puisque notre langue ne m'en offrait pas qui pût le remplacer; quand à celui qui le précède, on a déjà dit souvent *l'industrie vinicole.* Pourquoi employer inutilement une périphrase, et ne pas dire la *viniculture ?* Après avoir établi cette division des arts qui constituent les moyens par lesquels l'homme civilisé exploite à son profit les productions végétales et animales que nourrit la surface du sol, je dois me borner, dans le but que j'ai particulièrement en vue en écrivant cet article, à exposer les rapports par lesquels l'agriculture et la viniculture favorisent ou contrarient leur prospérité mutuelle. Je sais que je serai forcé de m'éloigner beaucoup des idées généralement admises; aussi la plus intime conviction a pu seule me déterminer à rendre publique mon opinion sur ce sujet. Quelques personnes m'accuseront peut-être d'affliger une classe nombreuse de producteurs, dans le moment même où leur situation réclame tant d'intérêt; mais je crois que ce n'est ni en flattant les malheureux, ni en caressant leurs illusions, qu'on peut leur être véritablement utile; les propriétaires de vignes, quand même ils ne posséderaient pas d'autres propriétés, ne sont, en définitif, que les propriétaires d'un sol cultivé aujourd'hui en vignes, mais qui, sauf quelques exceptions, peut être appliqué à d'autres cultures; et dans l'intérêt véritable de la propriété du sol, il me semble fort utile de faire entendre sans aucune réserve ce qui m'apparaît comme la vérité, dans les rapports des divers genres de culture entr'eux.

Si l'on observe attentivement les faits et les circonstances qui accompagnent la pratique de l'agriculture et de la viniculture, on sera invinciblement amené à considérer cette dernière bien moins comme une sœur, que comme une rivale redoutable de l'agriculture : que l'on recherche, dans l'étendue de l'Europe, les nations, les provinces, les cantons où l'agriculture se trouve dans l'état le plus florissant, et où les terres afables ont acquis la plus haute valeur; croit-on que c'est par l'effet d'un pur hasard, qu'il arrive que ce sont précisément les pays auxquels la culture de la vigne est refusée par leur climat? Des causes très-diverses tendent à favoriser les progrès de l'agriculture; mais pourquoi, à la réserve d'un très-petit nombre d'exceptions, ces causes n'ont-elles pu développer leur influence que là où la culture de la vigne n'a pu s'établir, ou du moins que là où cette culture était, par la nature du climat, restreinte dans d'étroites limites? En France, nous trouvons la riche agriculture presque exclusivement confinée dans les départemens septentrionaux où la vigne n'est pas cultivée; et la prospérité agricole décroît en se dirigeant vers le midi, à peu près dans la même proportion que l'on voit s'étendre la culture de la vigne. Les Pays-Bas, l'Angleterre, la Prusse et les autres états du nord de l'Allemagne, sont certainement les parties de l'Europe où l'agriculture a atteint le plus haut degré de perfection; le Danemarck et même la Suède, malgré son âpre climat, marchent rapidement dans la même route. Si nous comparons cette étendue de pays où la culture de la vigne est inconnue, aux états méridionaux de l'Europe auxquels leur climat permet de s'y adonner, nous observerons le même rapport qu'entre les provinces septentrionales et mérinionales de la France : d'un côté l'agriculture prenant un essor rapide est parvenue déjà presque partout à un assez haut degré de perfection, et de l'autre, cet art enchaîné comme par une main invisible, se traînant encore dans l'état misérable des siècles d'ignorance.

Il ne me paraît cependant pas difficile d'apercevoir les rapports par lesquels la culture de la vigne exerce sur l'agriculture une influence aussi désastreuse; et si l'on a paru jusqu'ici les méconnaître, on doit, je pense, l'attribuer à une certaine préoccupation qui fait sans examen, regarder aux peuples du midi, comme la source de richesse la plus précieuse, la faveur d'une production qui leur est enviée avec aussi peu de raison, par les nations auxquelles la nature la refuse. L'observation des faits indique assez jusqu'à quel point la culture de la vigne enrichit les pays qui s'y livrent. Sans sortir de la France, comparons la valeur moyenne de vente ou de loyer de toutes les terres composant la surface d'un département, soit au nord, soit au midi ou au centre de la France; nous trouverons presque partout que dans les départemens vinicoles, le produit moyen des terres en y comprenant les vignes, reste infiniment au-dessous de celui des départemens agricoles ; et ce produit n'est nulle part plus élevé que dans ceux de nos départemens où l'on ne peut rencontrer un cep de vigne. Que l'on considère la chose sous le rapport de la richesse générale, ou dans l'intérêt des propriétaires du sol, qu'importe que dans les pays vinicoles, et en supposant l'état le plus florissant de cette industrie, le revenu de la portion des terres cultivées en vignes, soit supérieur à celui des terres soumises à l'agriculture? Qu'importe même que l'hectare de vigne rapporte autant, ou si l'on veut plus, que l'hectare de terres arables dans les départemens du nord? Qu'importe pour un propriétaire qui possède 500 hectares de terre, qu'un dixième de cette étendue cultivé en vignes, lui présente, aux époques les plus brillantes de cette culture, un produit supérieur à celui des terres arables, si la culture de ses vignes forme un des principaux obstacles qui retiennent au-dessous du niveau des départemens agricoles, le produit moyen de tout son domaine?

Si nous recherchons les causes qui peuvent ainsi arrêter les progrès de l'agriculture, lorsqu'elle se trouve en concurrence avec la viniculture, nous remarquerons d'abord la nécessité où se trouve, dans la plupart des cas, la première de fournir à sa rivale tous les engrais dont elle a besoin. En effet, presque toutes les vignes exigent du fumier, et elles n'en produisent pas, car elles ne présentent aucun aliment pour le bétail; il faut donc que l'agriculture vienne à son secours et lui fournisse une portion des engrais qu'elle peut produire. Lorsqu'on sait que c'est principalement par le défaut d'engrais que pèche la mauvaise agriculture, lorsqu'on connaît toutes les difficultés qu'éprouve l'homme qui veut améliorer la culture d'un domaine, pour se procurer, dans le début de son entreprise, les engrais qui lui sont nécessaires, on peut apprécier tout ce qu'a de désastreux pour l'agriculture cette soustraction continuelle d'une partie du fumier qu'elle produit. Le défaut d'engrais forme, pour le cultivateur qui veut

améliorer ses produits, un cercle vicieux qui
met long-temps toute son industrie à une rude
épreuve : en effet, le fumier est nécessaire pour
reproduire le fumier, car c'est par des engrais
plus abondans, que l'on peut accroître la masse
des pailles et des fourrages. La terre manque
de fertilité, parce que les fumiers ne sont pas
assez abondans; ceux-ci manquent, parce qu'il
n'y a pas assez de paille et de fourrages; enfin,
les récoltes de fourrages et de paille sont misérables, parce que la terre manque de fertilité.
On ne sort presque jamais de ce cercle, que par
une attention constante, non-seulement à employer
avec une rigoureuse économie tous les engrais
dont on peut disposer, mais à appliquer les
fumiers de la manière la plus judicieuse, pour
reproduire le plus promptement possible, les
matières premières du fumier; de cette manière
la production des engrais s'accroît graduellement d'année en année. Mais si le cultivateur
applique les fumiers à la production de récoltes
uniquement destinées à la vente, sans le faire
servir à reproduire d'autres engrais, non-seulement il se met dans l'impossibilité de faire
prendre à son exploitation une marche ascen-
dante, mais l'expérience montre trop souvent
qu'il peut ruiner, par cette imprévoyance, la fertilité d'un domaine amélioré par des soins an-

térieurs. L'application du fumier à la culture des vignes, produit un effet semblable, et plus nuisible encore, puisqu'enfin, à quelque récolte qu'on l'applique sur les terres arables, la fertilité que le sol acquiert accroîtra du moins dans les années suivantes, la quantité de paille, en supposant même que l'on n'y place aucune récolte destinée à la nourriture des animaux, et la masse des fumiers s'en trouvera augmentée. Mais dans les engrais que l'on donne aux vignes, tout est perdu pour l'agriculture, et il ne lui en reviendra jamais rien; et pour une agriculture pauvre en fumier, la plus petite soustraction opérée ainsi, suffit pour la maintenir à jamais dans l'état le plus misérable. Dans une ferme, dans un canton, dans un département exploités d'après ce système, l'agriculture ressemble à l'industrie d'un commerçant travaillant avec un capital déjà trop faible, et qui, au lieu d'accumuler avec soin ses profits, pour accroître graduellement ses capitaux, détourne chaque année de son commerce une somme un peu supérieure à son bénéfice, pour l'appliquer à un autre usage : tout développement de l'industrie agricole est aussi impossible dans le premier cas, qu'il est impossible à ce commerçant de donner à ses affaires une extension qui accroisse ses bénéfices

Le fumier n'est pas le seul principe de vie

que les vignes dérobent à l'agriculture; elles lui enlèvent aussi un autre agent bien nécessaire à son succès, je veux dire, la main-d'œuvre. Les assolemens exclusivement destinés aux céréales, sont presque les seules qu'il soit possible d'adopter dans un pays vinicole, parce que pendant tout le printemps et la première moitié de l'été, tous les bras sont employés aux travaux multipliés qu'exige la vigne. La fenaison et la moisson trouvent la population vinicole prête à donner son assistance au cultivateur; mais malheur à lui, si, placé dans le voisinage immédiat d'un vignoble étendu, il a besoin de bras avant le milieu de juin; toute la population alors est occupée de manière qu'il ne pourra trouver d'ouvriers pour les travaux les plus pressans, si ce n'est dans une de ces journées où l'état de la terre pénétrée par les pluies, défend au fermier comme au vigneron de se livrer à aucuns travaux de culture. Je dois faire remarquer ici que sous ces deux rapports, il n'y a pas réciprocité dans l'action nuisible que la culture des vignes exerce sur l'agriculture; au contraire, l'extension et la prospérité de l'industrie agricole favorisent puissamment la viniculture, d'abord par la multiplication des engrais qu'elle peut lui fournir, et aussi parce que la viniculture ne peut occuper que les bras que l'agriculture nourrit, et qu'ainsi l'augmentation de la masse des subsistances, permet au profit des vignes, l'accroissement de la population ouvrière. Il est donc vrai que l'industrie vinicole ne peut devoir sa prospérité qu'à l'agriculture, tandis qu'elle lui enlève ses plus précieux moyens de développement.

Les vignes enlèvent encore à l'agriculture, quelque chose de plus précieux peut-être que le fumier et la main-d'œuvre : ce sont les soins et les capitaux des propriétaires et des cultivateurs. Et pour bien comprendre toute l'énergie avec laquelle la culture des vignes soutire, au détriment de l'agriculture, les soins de l'homme, les capitaux, le fumier et la main-d'œuvre, il faut bien prendre en considération cette espèce d'entraînement ou préférence de goût et d'affection qui porte naturellement presque tous les propriétaires grands et petits vers la viniculture, toutes les fois que le climat ou les circonstances locales leur fournissent, sinon un motif raisonnable, du moins un prétexte pour s'y livrer : il s'attache à la culture de la vigne, un attrait spécial dont il faut rechercher les causes dans le cœur et les inclinations de l'homme, mais dont l'expérience et l'observation démontrent la réalité à tous ceux qui ont apporté quelque attention à ce fait. Il semble qu'il y ait dans la culture de la vigne, quelque chose d'enivrant

comme dans ses produits, et l'on paraît l'avoir
senti dans des temps déjà loin de nous, lorsqu'à diverses époques, et dans des pays divers,
l'ignorance des premiers principes d'administration publique a déterminé plusieurs gouvernemens à restreindre par des règlemens prohibitifs,
cette culture dans des limites plus ou moins
étroites. Le moyen était mauvais, mais le mal
auquel on voulait remédier était réel : la culture de la vigne était envahissante comme elle
le sera toujours, parce que les hommes y sont
entraînés ou attachés par inclination lorsqu'ils ne
le sont pas par calcul.

De tous les genres de culture, il n'en est aucun qui présente, autant que celui de la vigne,
des chances très-variées de succès et de revers;
et peut-être cette circonstance constitue-t-elle,
pour l'homme si naturellement enclin à se livrer avec passion aux chances du hasard, un
des principaux attraits de cette culture : c'est la
loterie de nos campagnes, et bien peu d'hommes
résistent à la tentation d'y porter leur offrande.
Une longue série de récoltes nulles ou qui ne
paient pas les dépenses de la culture, pourra
à peine mettre un terme à de nouvelles plantations; presque jamais elles ne détermineront les
propriétaires à sacrifier des vignes existantes où
ils pourraient obtenir des récoltes beaucoup

plus lucratives en luzerne, en sainfoin ou en céréales : dans une année malheureuse on se rap-
pelle, on cite avec un plaisir inexprimable, telle
année où le vin valait tel prix, où l'hectare de
vigne a produit telle quantité de vin, et quel
vin !..... Le courage renaît, on taille, on bêche,
on achète des échalas à crédit..... Une vendange
lucrative est ainsi un terne gagné à la loterie,
qui fera la fortune de tous les bureaux d'un
quartier de Paris.

En recherchant les causes d'un entraînement
dont il n'est pas possible de contester la réalité, il faut bien aussi faire la part de ce vernis
de jouissances sensuelles que répandent si naturellement les propriétés des produits de la
vigne, sur tous les travaux qui leur servent de
préparation : observez cette bruyante gaîté qui
accompagne pendant une quinzaine de jours, les
opérations de la vendange ; combien les travaux
de toute l'année sont allégés et embellis par le
souvenir et la perspective de cette époque !..... Et
puis si les produits ne se vendent pas, le vigneron, le propriétaire sont mal nourris et mal vêtus ;
mais le cellier est plein, et l'on trouve là bien des
moyens d'oublier ses peines, et bien des heures de
jouissances, d'autres diraient de bonheur : peu
à peu on finit par se délivrer gaîment de l'embarras de chercher inutilement à vendre, du

moins jusqu'au moment où la misère est portée
à un point qui devient insupportable. On s'i-
maginerait à peine jusqu'à quel point les hommes
s'attachent naturellement à la culture de la vigne,
par le goût si général parmi eux pour la déli-
cieuse boisson qui en est le produit ; et il ne
faut pas faire ici d'exception pour les propriétaires aisés et même riches : on pourrait bien
acheter du vin si l'on n'en récoltait pas, mais
il n'aurait jamais ce parfum exquis qui caractérise
pour le propriétaire, le *vin du cru.*

On trouvera peut-être que le tableau que je
viens de présenter, manque de la gravité convenable, en face des misères qui affligent une
multitude d'hommes, et contre lesquelles nous
entendons réclamer assistance, par une portion
considérable et intéressante de la population française ; mais que l'on remarque que cette discor-
dance n'est dans mes paroles, que parce qu'elle
se rencontre au fond des choses : en recherchant
les causes d'un mal que l'on ne peut trop dé-
plorer, je n'ai pas dû reculer devant la crainte
de retracer celles de ces causes, qui se distinguent par un caractère moins lugubre que les
effets qu'elles ont produits. Dussé-je même faire
naître un sentiment pénible dans l'esprit des propriétaires de vignes, en les aidant à se rendre
compte à eux-mêmes des motifs qui agissent si

souvent sur les hommes à leur insu, je servirai
certainement bien mieux leurs intérêts par des
vérités franches qui, en leur faisant connaître la
source du mal, peuvent leur en indiquer le remède, que par de stériles lamentations. Celui-
là est agréable aux malheureux qui le plaint et
le console; mais celui-là lui est bien plus utile,
qui lui dit : voilà la cause de votre mal; voilà
l'erreur ou l'imprudence que vous devez éviter,
si vous voulez vous placer dans une situation plus
favorable. Et d'ailleurs est-ce à une époque de
prospérité pour l'industrie vinicole, que l'on
pourrait espérer de faire écouter des vérités utiles, mais qui exciteront un sentiment doulou-
reux, parce qu'il a été impossible de sonder la
plaie sans toucher au vif? Et n'est-ce pas une
nécessité de choisir, pour signaler les causes du
mal, l'instant où il développe ses plus déplora-
bles effets?

On peut trouver, dans ce qui se passe en
France depuis quinze ou dix-huit ans, un exemple bien remarquable de l'entraînement de prédilection qui porte les hommes vers la culture
de la vigne : de 1812 à 1820, presque toutes
les récoltes de vin ont été mauvaises et plusieurs
ont été nulles dans les parties septentrionales
de la France; cependant la culture de la vigne
qui avait pris beaucoup d'extension dans les dix

années antérieures, n'y a pas reculé d'un pas. Pendant la même période, le prix des vins et des eaux-de-vie s'étant soutenu à un taux fort élevé, les provinces méridionales et centrales du royaume où les récoltes manquent rarement, ont trouvé d'immenses débouchés et ont donné à leur tour à cette culture, un développement jusqu'alors inconnu. Je crois devoir citer ici les expressions dont s'est servi en 1819 M. *Chaptal*, en traitant ce sujet dans son important ouvrage *De l'Industrie française :* « Je ne crois pas me
» tromper en l'évaluant (la culture de la vigne)
» à un quart de plus qu'elle n'était il y a trente
» ans ; je crains même qu'on n'ait dépassé la me-
» sure de la consommation du vin ; l'expérience
» nous éclairera à ce sujet : les sept années qui
» ont précédé 1818 n'ont pas pu nous instruire
» à ce sujet, attendu que les récoltes ont été très-
» médiocres dans le nord de la France ; il faut
» attendre avant de prononcer, deux ou trois
» années d'abondance générale. Au reste, si mes
» craintes sont fondées on pourra rendre à la
» culture des céréales et des fourrages, surtout
» dans le nord, une quantité de très-bonnes ter-
» res, dans lesquelles on a planté la vigne, et
» notre agriculture n'en souffrira nullement, etc. »
Les prévisions du savant administrateur se sont réalisées et ont même été dépassées en un point :

au lieu de deux ou trois années d'abondance générale nous en avons vu sept ou huit, et les
produits se sont avilis dans le nord comme dans
le midi, de manière à placer les propriétaires et
les vignerons dans la position la plus critique.
Mais croit-on que l'étendue des vignes ait pro-
gressivement diminuée à mesure que les prix
baissaient, de même qu'elle s'étendait par l'augmentation de valeur des produits? Pas du tout;
car la culture de la vigne paraît mise en mouvement par une *roue à rochet* : elle peut bien
avancer, mais non rétrograder. Aujourd'hui les
choses en sont au point que des plaintes uni-
verselles démontrent un malaise qui devient insupportable : dans l'amertume de sa douleur et
dans sa détresse, le propriétaire s'écrie que la
cause de cet avilissement est dans l'impôt sur
les boissons, et il ne voit pas que c'est sous l'empire de ce même impôt, que les prix du vin et
des eaux-de-vie étaient si élevés il y a une
dixaine d'années; je ne prétends pas néanmoins
que l'impôt ne forme pas un obstacle à la consommation, et n'aggrave pas ainsi la position
des producteurs; on verra tout à l'heure quelle
est mon opinion à ce sujet. C'est encore avec
bien moins de raison, que le propriétaire accuse
de sa misère les droits d'entrée sur les fers; car
on a démontré avec évidence que l'Angleterre à

peu près seule profiterait de la suppression ou
de la diminution de cet impôt, et l'on connaît
bien les motifs d'intérêt qui empêcheront toujours cette nation de favoriser chez elle l'introduction des vins de France; et en réunissant en
une masse, la consommation que pourrait faire
de nos vins, et qu'ont faite à l'époque de nos
plus fortes exportations, les autres nations de
qui nous pourrions acheter des fers, on ne for-
merait qu'une quantité tellement insignifiante,
qu'elle pourrait à peine être aperçue dans la
somme de nos exportations des produits de la
vigne. Dans un écrit fort remarquable publié
par M. *Baude* à l'occasion de l'enquête sur la
question des fers, il a prouvé avec une irrésis-
tible évidence, que les propriétaires de vignes
sont au contraire une des classes les plus intéressées à voir favoriser la fabrication des fers indigènes, à cause de l'énorme consommation de
vin à laquelle donnent lieu les salaires que
reçoivent les ouvriers dans toutes nos forges. Je
suis convaincu comme lui, que s'il était vrai
que la suppression des droits d'entrée sur le
fer pût faire exporter du vin pour quelques
centaines de mille francs de plus par an, il s'en
consommerait pour quelques millions de moins
dans l'intérieur, par l'effet de la réduction des
travaux dans les forges nationales, dans les mines,

dans les houillères, etc. On ne doit pas au reste être surpris qu'une classe d'hommes dont l'état de souffrance est très-réel, en cherche la cause et les remèdes partout ailleurs que là où ils pourraient les trouver ; des exemples de ce genre se rencontrent tous les jours. La cause du mal est cependant bien facile à apercevoir : *c'est le fléau de l'abondance.* Une série fort rare de sept ou huit récoltes copieuses sur toute la surface vinicole du royaume a produit ce fléau, de même que nous avons vu il y a peu d'années, les prix des grains avilis outre mesure, à la suite de cinq ou six moissons abondantes. Quelques gelées au mois de mai ramèneront peut-être le niveau dans peu d'années, comme nous avons vu trois récoltes médiocres de froment ramener promptement le prix des grains beaucoup au-dessus du terme moyen. Cependant je crois que, pour le vin la balance penchera plus difficilement du côté opposé, à moins que la culture de la vigne ne se restreigne dans de plus justes limites.

En examinant attentivement toutes les circonstances de la crise dans laquelle se trouve aujourd'hui l'industrie vinicole, les causes s'en montrent avec évidence dans les faits que je viens d'indiquer : 1° la trop grande extension donnée à la culture de la vigne, et la répugnance des propriétaires à consacrer à d'autres cultures les terrains qui en sont susceptibles; 2° la rencontre fortuite de plusieurs années de récoltes très-abondantes. Cette crise, au reste, produira peut-être un bien, parce qu'elle doit attirer sérieusement sur cet objet l'attention des propriétaires; et ce serait peut-être le moment où ils se montreraient disposés à souffrir, dans la législation relative à l'impôt sur les boissons, une modification qui, dans mon opinion, présenterait le seul moyen d'accroître à leur profit le commerce et la consommation des produits de la vigne. Lorsqu'on observe de près les entraves qu'apportent à la circulation et au commerce des vins et eaux-de-vie, les formalités qu'exige aujourd'hui la perception de l'impôt, on est forcé de reconnaître qu'il faut que ces produits soient créés par une industrie douée d'une singulière énergie de vitalité, pour qu'elle ait pu résister à une épreuve à laquelle succomberait probablement quelque autre genre d'industrie que ce soit. Et cependant, quoique l'on ait pu voir que mon opinion n'est nullement favorable à la culture de la vigne, dans son influence sur la production générale du sol, elle a certainement droit à s'exercer librement : je suis bien éloigné de croire que la culture de la vigne doive obtenir du gouvernement, ces espèces d'encouragement qui tendraient à en favoriser l'extention ; elle n'en a d'ailleurs pas besoin, et c'est une industrie assez robuste pour pouvoir se passer de toute assistance ; mais, de même que tous les autres genres d'industrie, elle peut avec justice réclamer sûreté et protection ; et je ne sais vraiment pas si l'on peut concilier avec la protection l'état dans lequel cette industrie se trouve placée par la perception des impôts indirects. Quelques personnes croient la dégréver en abaissant le chiffre des tarifs ; mais ce n'est pas là qu'est le mal, ou du moins le plus grand mal pour l'industrie vinicole : il se trouve dans ce réseau de formalités et d'entraves qui, à chaque pas, viennent gêner la circulation de ses produits ; dans les perquisitions de tous les instans qui les accompagnent, sur les routes, et dans le domicile de tous les détenteurs. On ne conçoit pas comment le commerce ne répudie pas complètement la tâche de se charger de ces produits, pour les transporter, les emmagasiner, les conserver, afin de les mettre à la portée des consommateurs, dans les lieux et les temps où ils seront disposés à en faire l'acquisition ; il est facile du moins de sentir combien le commerce et la consommation sont restreints par ces entraves multipliées : et sans le commerce et la spéculation, comment les producteurs pourraient-ils espérer de trouver des débouchés, lorsque le consommateur n'est pas en mesure d'acheter, dans le lieu même et dans l'instant où le premier a besoin de vendre?

Il est évident, d'un autre côté que cet ensemble de mesures gênantes pour le commerce des boissons est le résultat inévitable du parti que l'on a pris d'atteindre la matière imposable, seulement à l'instant où elle est livrée au dernier acheteur, c'est-à-dire au consommateur : de là la nécessité de la guetter dans toutes les issues par lesquelles elle peut sortir des mains du producteur, de la suivre pas à pas, et de hérisser d'entraves et d'obstacles toutes les routes qu'elle peut suivre. Dans l'origine de l'établissement de l'impôt sur les boissons, l'administration faisait inventorier les produits chez les propriétaires à l'instant même de chaque récolte, c'est-à-dire une fois par année. Ceux-ci ont trouvé incommode les visites des employés, et en ont rejeté la charge tout entière sur le commerce ; mais il n'ont pas vu qu'elle retombait sur eux de tout son poids, et aggravée de tout le surcroît de dispositions rigoureuses qu'exigeait impérieusement le nouveau mode , qui, laissant toute la surface du territoire couverte d'une énorme quantité de la matière imposable *non inventoriée*, forçait l'administration de redoubler de vigilance et de rigueur, pour empêcher les déplacemens frauduleux. Ils ont affranchi leur propre domicile de formalités gênantes; mais ils ont rendu l'impôt plus onéreux pour eux-mêmes, dans une proportion égale aux entraves qu'on apportait au commerce et à la circulation de leurs produits.

Quoique mon intention soit principalement ici, en m'adressant aux propriétaires de vignes, d'invoquer leur propre intérêt, relativement au mode de perception de l'impôt sur les boissons, je ne puis me dispenser de dire un mot du motif, ou plutôt du prétexte que l'on a allégué pour affranchir les propriétaires des formalités de l'inventaire, et de tout exercice de la part des employés : c'était, a-t-on dit, *par respect pour la propriété.* Il y a ici une confusion de mots dont il me semble inconcevable que l'on n'ait pas fait justice lorsqu'on a invoqué ce principe dans les matières de ce genre : la propriété forme la base de l'ordre social; le respect pour ce droit est la première condition de la civilisation; et la législation d'un peuple est d'autant meilleure qu'elle assure mieux le respect de ce droit.

Mais de ce que l'on désigne quelquefois plus spécialement sous le nom de *propriété*, les propriétés foncières, faut-il conclure qu'elles ont plus de droit que toutes les autres au respect des citoyens et à la protection des lois ? Ce serait là l'erreur la plus grave, et si nos institutions ont attaché plus particulièrement à la propriété foncière, la jouissance de certains droits politiques, les motifs de cette disposition très-sage sont pris dans un autre ordre d'idées que je ne veux pas même indiquer ici, mais qui ne peuvent nullement autoriser pour la propriété foncière, aucun privilége au détriment des autres genres de propriété, sous le rapport de la protection à laquelle elles ont toutes un droit égal; et l'on pourrait même dire que la propriété foncière possède en elle-même un principe de stabilité et une garantie naturelle qui rendent moins nécessaire pour elle que pour tout autre, l'appui de la législation. Nous admettrons comme principe fondamental, que les propriétés de tout genre ont droit à une égale protection, à un égal respect; et nous serons amenés à comprendre que quelquefois on a décoré du nom de respect pour la propriété, des faveurs créées pour la convenance d'une classe particulière de propriétaires. Deux hommes possèdent chacun un capital de mille francs; l'un d'eux l'emploie à l'acquisition d'une vigne, et récoltera chaque année une certaine quantité de vin; l'autre place cette somme en achats de vins tout produits, qu'il emmagasine par spéculation. En droit, et d'après le p.incipe du respect pour la propriété, pourquoi l'un des deux devrait-il moins que l'autre être assujéti aux visites des employés de l'administration? Pour l'un comme pour l'autre, la visite ne se fait pas chez le propriétaire d'une vigne, mais chez un détenteur de vin; et lorsque le propriétaire qui a récolté vend ses produits à un autre, la propriété de ce vin change-t-elle de nature, et devient-elle moins respectable, parce qu'elle n'est plus cumulée avec la propriété foncière dans la personne de celui qui possède la vigne qui l'a produit? et le fermier d'une vigne, de quel droit participe-t-il au privilége de la propriété, tandis que le propriétaire est impuissant pour transférer ce privilége à celui en faveur duquel il se dessaisit de tous ses droits sur le vin qu'il lui vend? Il est bien évident qu'il y a dans tout cela abus de mots, mais c'est un abus qui a entraîné de graves conséquences, au détriment de ceux-là même en faveur desquels on paraissait lui avoir donné naissance; car, si les vins avaient continué à être inventoriés à la récolte chez les propriétaires, il est certain d'abord qu'on n'eût pas été forcé d'élever autant le chiffre des tarifs, parce que l'on eût prévenu ainsi une fraude qui dépasse peut-être toutes les limites que l'on serait tenté de fixer; et il est permis d'espérer aussi que l'on eût fini par convertir

toute la perception en un droit unique perçu
au moment où le producteur opère la première vente.

Dans mon opinion, cette combinaison est la
seule qui puisse concilier l'impôt sur les produits de la vigne, avec la liberté dont le
commerce a besoin pour que ces produits trouvent des débouchés constans et faciles. Je sais
bien qu'en percevant ainsi l'impôt, il serait impossible de faire payer à chaque hectolitre de
vin, une somme égale aux droits énormes qui
pèsent aujourd'hui sur lui ; mais un droit fort
modéré établi ainsi produirait une somme infiniment plus élevée qu'on ne pourrait le calculer
d'après la quantité de vin soumise aujourd'hui
à l'impôt ; car la quantité qui se consomme en
fraude sous le régime actuel, est beaucoup au-
dessus de la proportion que l'on pourrait assigner sans paraître déraisonnable. Et remarquons
que cette portion des produits, pour être sous-
traite frauduleusement à la perception, n'est pas
pour cela en dehors de la funeste influence de
l'impôt ; car les entraves à la circulation pèsent
sur elle de tout leur poids : elle ne peut se
consommer que dans le voisinage immédiat de
la production , et ne se soustrait aux regards
des employés, que par des précautions furtives,

*

et avec des risques qui en entravent le commerce,
peut-être plus encore que pour le vin qui voyage
avec des papiers bien en règle ; en sorte que non-
seulement la fraude tend à détruire toute idée
de morale parmi la population ; mais elle ne
tourne ni au profit du fisc qui est lésé, ni au
profit des producteurs pour lesquels tout débouché est obstrué, soit qu'ils se soumettent à
la loi, soit qu'ils l'éludent.

Il est fort difficile de calculer à quel taux il
faudrait fixer l'impôt unique sur le vin, pour
représenter le produit des droits actuels ; nous
pouvons cependant trouver quelques données
sur ce sujet, dans les résultats des inventaires,
à l'époque où l'administration les faisait exécuter chez les propriétaires. M. *Chaptal* dans
son ouvrage *De l'Industrie française*, présente
le tableau des résultats de ces inventaires pour
cinq années de 1804 à 1808 ; le terme moyen
offre un peu plus de 35 millions d'hectolitres
pour la récolte annuelle de vin dans le royaume.
Mais il est certain que les récoltes ont considérablement augmenté depuis cette époque, et
d'après l'extension donnée à la culture de la
vigne, surtout dans des sols riches qui donnent
habituellement d'abondantes récoltes, on ne peut
douter que le produit moyen actuel des vignes
en France, ne roule entre 40 et 50 millions

d'hectolitres. Il faudrait donc que le droit unique
atteignit 2 fr. 50 cent. ou 3. fr. par hectolitre, pour
offrir la compensation du produit actuel de l'impôt sur les vins et eaux-de-vie. En divisant les
vignobles en 3 ou 4 classes, selon la valeur
vénale de leurs produits, l'impôt, si l'on en
fixait le *minimum* à 1 fr. par hectolitre, devrait
probablement s'élever jusqu'à 4 fr. pour les vins
les plus précieux. Il ne m'appartient pas de dé-
cider jusqu'à quel point il serait possible ou facile de porter le taux du droit dans cette combinaison; mais je pense que quel que soit le
taux auquel l'administration croiroit devoir se
limiter pour la sûreté de la perception, l'intérêt
de l'industrie vinicole exige impérieusement que
cette partie du budget des recettes ne soit pas
portée au-delà de la somme dont on pourrait
ainsi établir l'assiette; car je suis convaincu
qu'aucune autre forme d'impôt n'est compatible
avec la prospérité de l'industrie vinicole, au
point de développement où elle est parvenue.

Il me semble que l'on pourrait immédiatement après la clôture de l'inventaire qui suivrait
chaque récolte, affranchir de tout exercice ulté-
rieur sur ce produit, les propriétaires qui con-
sentiraient à souscrire, envers l'administration,
des obligations à termes fixes, pour le montant
du droit auquel devrait donner lieu la récolte

au moment de la vente; et l'on pourrait même
encore accorder à ceux qui auraient souscrit
ces obligations, la facilité de les échanger
contre d'autres, à des termes plus éloignés, si,
à l'époque de l'échéance, ils justifiaient, par un
récolement opéré à la participation des employés, qu'ils n'ont pas disposé des produits de
leurs récoltes. De cette manière, tout propriétaire serait libre de s'affranchir des exercices,
sauf l'inventaire au moment de la récolte. Quant
à ceux qui n'auraient pas souscrit d'obligations,
ils devraient payer le montant du droit, au
moment où ils exécuteraient la vente, et des
récolemens trimestriels constateraient chez eux
les manquans, de même que cela a lieu aujour-
d'hui chez les commerçans en liquides. Tout
enlèvement, vente, circulation ou débit de boissons, seraient exempts de quelque formalité que
ce soit, et aussi libres que ceux de la tuile ou
du charbon. Je suis convaincu que si les propriétaires avaient pu apprécier par une expérience de quelques années, l'énorme changement
que cette nouvelle combinaison apporterait à
leur situation industrielle, ils trouveraient le
fardeau bien léger, en comparaison de celui qui
pèse en ce moment sur eux, et ils béniraient le
jour où ils auraient pris à leur charge les incommodités de l'exercice, pour en affranchir le

commerce et la spéculation de qui seuls ils peuvent attendre un débouché constant et régulier
pour leurs produits.

On conçoit bien que dans cette combinaison,
la vente et la circulation des eaux-de-vie seraient affranchies de tout droit et de toute entrave. Les vins soumis à la distillation produisent
communément du tiers au cinquième de leur volume en eau-de-vie à 19 degrés; et comme ces
vins seraient nécessairement rangés dans la dernière classe qui ne paierait que le droit de 1 fr.
l'hectolitre, l'eau-de-vie se trouverait ainsi frappée
d'un droit de 3 à 5 fr. par hectolitre, ce qui
est bien peu de chose en comparaison des droits
actuels; d'un autre côté, l'industrie du distilla-
teur serait libre et affranchie de toute entrave ou
formalité, soit pour ses approvisionnemens en
vins, soit pour la vente ou la circulation de ses
produits; cette industrie prendrait nécessairement, dans une telle situation, des développemens qui accroîtraient prodigieusement les débouchés pour les producteurs de vin.

Dans tout ceci, je n'ai pas même posé la
question de l'affranchissement de toute espèce
de droits, que quelques personnes ont réclamé
pour les produits des vignes; je présume qu'en
le demandant on n'a conçu aucun espoir d'obtenir ce dégrèvement total, qui produirait dans

le budget une brèche si difficile à faire disparaître; et d'ailleurs, j'avoue que dans l'opinion
que je me suis faite, je regarde un impôt quelconque sur le vin, je ne dirai pas comme
utile, mais comme moins nuisible que quelque autre impôt que ce soit, parce qu'il forme
un contre-poids efficace opposé aux envahissemens si naturels de la viniculture; et les pro-
propriétaires fonciers des départemens vinicoles
sont particulièrement intéressés à ce qu'il existe
une barrière contre ces envahissemens qui,
comme je crois l'avoir démontré tout à l'heure,
diminuent réellement la valeur et la rente du
sol, par les graves préjudices qui en résultent
pour l'agriculture. Pour exprimer ici toute ma
pensée, je dirai que la combinaison que je viens
d'indiquer, en offrant aux propriétaires de vignes,
l'échange d'une amélioration très-importante dans
leur position industrielle, contre la résignation à
quelques incommodités personnelles, me semble
réunir deux avantages précieux, et qui, au
premier aperçu, paraissent inconciliables : 1° celui de faciliter et d'accroître au profit des propriétaires le commerce et la consommation des
produits de la vigne; et ce résultat, je crois,
est à l'abri de toute espèce de doute; 2° de
tendre à limiter la culture de la vigne plus
efficacement que ne le fait le mode actuel de

perception. En effet, la gêne qui résulterait des exercices des employés, serait, à mon avis, un correctif plus puissant de l'attrait qui s'attache à la culture de la vigne, que l'énormité des droits actuels, les entraves qui en résultent pour le commerce, et la détresse qui en est l'effet pour les propriétaires. Jusqu'ici ces derniers étaient tourmentés par un mal qu'ils ne connaissaient pas, par un ennemi qui les étouffait sans qu'ils pussent l'apercevoir; en face avec un adversaire beaucoup moins redoutable, beaucoup moins nuisible à leurs intérêts, mais qui serait présent à eux dans tous les instans, il me semble certain qu'ils seraient bien plus disposés à juger sainement des limites qu'il est convenable de mettre à une culture qui leur apporterait des désagrémens auxquels on est souvent beaucoup plus sensible qu'à des pertes pécuniaires.

L'industrie vinicole deviendrait beaucoup plus profitable; mais à côté des attraits puissans qui tendent à la faire sortir des limites raisonnables, il se présenterait des incommodités spéciales qui en formeraient le contre-poids. Je livre ces considérations aux propriétaires eux-mêmes; qu'ils les méditent et qu'ils fassent leur choix : quant à l'intérêt de la production en général, il n'est pas douteux à mes yeux que l'agriculture et la viniculture n'aient infiniment à gagner à l'adoption de cette combinaison; et avec elle une foule d'autres industries qui souffrent cruellement aujourd'hui de l'état auquel est réduite l'industrie vinicole, y trouveraient une activité réparatrice.

Dans cet article j'ai considéré principalement l'impôt relativement à l'action qu'il exerce sur le producteur, et je n'ai pas parlé de l'influence qu'il exerce sur l'agriculture, comme taxe de consommation sur un objet qui entre dans les dépenses ordinaires des hommes qui concourent à la production agricole. Il est certain que là où l'impôt est réellement perçu, il accroît le prix de la subsistance du cultivateur et des ouvriers qu'il emploie, et par conséquent le prix du travail; mais dans l'état actuel des choses, cet effet est à peu près nul, parce que les habitans des campagnes ne boivent guère de vin que dans les pays de production, et alors la presque totalité de celui qu'ils consomment, échappe par la fraude, au paiement des droits. Il n'en serait pas de même dans la combinaison que je propose, et alors l'impôt pèserait réellement sur la production; mais celle-ci trouverait, dans l'accroissement de ces débouchés, tant d'avantages à l'activité de la vente et de la consommation des produits de la vigne, que je pense qu'il y aurait pour elle plus que compensation.

Cet écrit paraîtra peut-être au moment même de la discussion de la loi sur les boissons qui a été présentée à la Chambre des Députés : j'ai attaché peu d'importance à le publier un mois plus tôt, parce que les vues que je présente ici ne peuvent donner lieu à des applications du moment. Une loi qui consacrerait les modifications que je propose dans le système de l'impôt, devrait être longuement méditée, car je sens bien que ce nouveau mode présenterait des difficultés dans l'exécution, surtout relativement aux dispositions qui détermineraient le mode de transition d'un système à l'autre; d'ailleurs c'est surtout sur l'opinion des propriétaires de vignes eux-mêmes, que je désirerais exercer quelque action, en leur démontrant que la résignation à quelques incommodités personnelles est nécessaire pour améliorer d'une manière durable, la position critique dans laquelle ils se trouvent placés. Il faut du temps pour opérer leur conviction, sans laquelle il serait à peu près impossible d'opérer un changement aussi important dans la législation; et j'ai voulu seulement ici répandre des germes qui, je l'espère, fructifieront dans un avenir plus ou moins éloigné.

§ VIII. *Des droits de douane comme encouragement à la production intérieure.*

Il me reste maintenant à examiner quelques droits établis à l'entrée sur certaines marchandises venant de l'étranger, et qui peuvent intéresser la production agricole ; mais il est impossible d'aborder des questions de douanes, sans supposer l'admission préalable de quelques principes relatifs à l'influence des importations ou des exportations, sur la richesse de chacune des nations qui font entr'elles des échanges. Comme c'est un sujet que je n'entame qu'à regret, parce qu'il m'éloigne du but principal que j'ai en vue dans ce mémoire, je m'efforcerai du moins d'être court ; je me contenterai d'exposer le plus succinctement que je le pourrai, les idées que je me suis faites sur cette matière, et qui diffèrent en quelques points essentiels, des opinions professées par des hommes très-honorables, et qui sont en possession de former autorité dans les sujets de ce genre. S'il m'arrive d'être entraîné plus loin que je ne le voudrais, mes lecteurs me le pardonneront, je l'espère, en considérant

que, sans cet exposé préliminaire des principes généraux de la matière, j'aurais été forcé
de m'arrêter à chaque pas dans les articles
qui vont suivre, pour répondre aux objec-
tions par lesquelles il était facile de prévoir
que l'on attaquerait les bases mêmes de mes
opinions.

*Est-il indifférent, pour la richesse d'une
nation, qu'elle crée ou qu'elle importe les
produits qu'elle emploie; qu'elle consomme
ou qu'elle exporte les produits qu'elle crée?*
Les économistes de notre époque répondront
presque unanimement : oui cela est indifférent,
car si cette nation exporte des produits, c'est pour
les échanger contre des produits d'une valeur
égale, qu'elle a pu créer avec plus d'avantages
que les autres nations, et qu'elle leur fournit à
cause de cela. Ici, il me semble d'abord que
l'on n'a pas attaché assez d'importance à une
circonstance qui mérite néanmoins une attention
particulière; je veux dire *la durée* des objets
ou des valeurs qui peuvent former la matière
des échanges, ou l'espace de temps après lequel ces objets se détruisent, par l'usage auquel ils sont destinés par leur nature et auquel
on les emploie communément. La durée des valeurs est un élément qu'il me semble indispensable de faire entrer dans tous les calculs relatifs

à la richesse des nations, comme des individus.
Il ne suffit pas de prendre en considération les
circonstances qui accompagnent la production et
la consommation des objets dont la masse com-
pose la richesse d'un peuple ou d'un particulier;
il faut encore mesurer l'espace qui s'écoule entre
l'instant où l'objet est produit, ou passe entre
les mains de l'individu dont il est la propriété,
et le moment où cet objet est consommé et
anéanti : car plus cet espace de temps sera long,
plus l'objet ou la valeur que nous considérons,
contribuera à la richesse de l'individu ou de
la nation, parce qu'alors il viendra s'accumuler
avec une masse plus considérable d'objets produits ou acquis postérieurement. Il me semble
que je ferai mieux comprendre ma pensée par
un exemple : Deux ouvriers, *Pierre* et *Jean*
gagnent chacun 25 fr. par semaine; *Jean* dis-
pose ses affaires de manière qu'après avoir payé
le loyer de sa chambre, son déjeûner et son
dîner de chaque jour, il ne lui reste que 5 fr.
qu'il emploie chez le marchand de vin à passer
gaiment le dimanche avec ses camarades. Il est
clair qu'il ne s'est pas enrichi, il est facile de
voir même qu'il s'est appauvri; car, pendant
cette semaine, ses souliers se sont un peu usés,
et son habit aussi. *Pierre* trouve le moyen de
suffire aux mêmes dépenses que *Jean*, avec la

moitié de la somme qu'il a gagnée; il emploie l'autre moitié à acheter successivement des habits et du linge, et lorsqu'il en sera suffisamment pourvu, il achettera aussi quelques pièces de 20 fr. qu'il mettra en réserve. Au bout de quelque temps, quel sera l'effet de tout ceci pour nos deux hommes? Ils n'ont l'un et l'autre ni rien donné ni rien perdu; ils ont l'un comme l'autre échangé constamment les objets ou les valeurs qu'ils possédaient, contre des valeurs réelles, et égales à celles qu'ils donnaient en échange. Cependant l'un sera pauvre et l'autre riche; pourquoi cela? Parce que *Jean* a pris, dans ses échanges, des valeurs d'une très-courte durée, et qui se sont anéanties à mesure qu'elles sont entrées dans sa possession. *Pierre* a donné la préférence à des valeurs dont la destruction n'était pas aussi prompte, et qui ont pu s'accumuler entre ses mains. De toutes les valeurs qu'il possède, la plus durable, ce sont les pièces d'or : son habit le plus nouveau sera usé ou mangé des vers s'il ne l'a pas mis, lorsque la première pièce de 20 fr. qu'il a placée dans sa bourse sera encore aussi brillante que le premier jour. C'est une valeur qu'il peut *accumuler* indéfiniment, et lorsqu'il en a réuni un certain nombre, il les prête à un marchand, et reçoit en échange un *effet* qui n'est plus son or, mais qui en est la représentation fidelle, puisque c'est l'objet contre lequel il recevra, outre l'*intérêt* s ipulé, la même somme, au jour et au lieu qui y sont fixés. Voilà *Pierre capitaliste*, pendant que *Jean* est peut-être à l'hôpital.

Pourquoi en serait-il autrement pour les nations que pour les individus? Il existe des différences énormes entre la durée de divers objets dont la réunion forme la masse des richesses d'un peuple. Je suppose que dans la république de Genève il se construit annuellement des bâtimens pour la valeur d'un million de fr.; en assignant à ces bâtimens une durée moyenne de cinquante ans, cette dépense d'un million chaque année, produit une valeur toujours existante de 50 millions. Si, chez le même peuple on fabrique aussi par année, pour la valeur d'un million d'étoffes de laine consommées dans le pays, pour des vêtemens dont la durée moyenne est de deux années, cet autre million ne concourt à la masse générale des richesses, que pour une valeur constante de 2 millions, c'est-à-dire pour une somme 25 fois moindre que le million appliqué à des bâtimens, parce que le produit de celui-ci a 25 fois plus de durée que celui de l'autre. De tous les objets qui composent cette masse générale de la richesse d'un peuple, les métaux précieux

sont les plus durables, non-seulement à cause de
leur inaltérabilité physique, mais aussi parce
que leur valeur est très-peu diminuée par un
changement d'emploi ou de forme. Le fer est
plus dur que l'or et l'argent; cependant sa valeur est bien loin d'être aussi durable, parce
que la dépense nécessaire pour son emploi, ou
la façon, entre pour une proportion très-considérable, dans le prix des objets qui en sont
fabriqués. Si les ferremens d'une machine ou
d'un bâtiment ont une valeur de 2 fr. par kilog.
lorsqu'ils y sont employés, ils ne vaudront plus
guère que 40 cent. comme vieux fer, lorsqu'ils
seront hors de service, ou qu'on voudra pour
une cause quelconque, les employer à une autre
destination; de sorte que, si l'on attribue une
durée moyenne de 50 ans aux divers objets où
le fer s'applique dans les arts, plus des trois
quarts de la valeur de ces objets sont anéantis
deux fois par siècle.

Le platine est le plus inaltérable de tous les
métaux; il l'emporte sur l'or lui-même, sous
le rapport de la durée physique, et il est plus
inattaquable que l'or et l'argent, par tous les
agens naturels et chimiques; il est aussi beaucoup plus rare que l'or, et il semblerait, par
ces motifs, qu'il devrait avoir une valeur beaucoup plus élevée: cependant sa valeur est beau-

coup inférieure même à celle de l'argent. La principale cause de cette différence est que le platine perd une grande partie de sa valeur, chaque fois que l'on est forcé de l'appliquer à un nouvel emploi, parce que les procédés nécessaires pour le mettre en œuvre, sont fort difficiles, et fort coûteux, en sorte qu'à côté d'une durée physique presque indéfinie, il ne possède réellement qu'une valeur peu durable.

Mais la *façon* d'une pièce de 20 fr. entre pour une si petite proportion dans sa valeur, que le métal peut traverser des siècles et être employé à divers usages, presque sans rien perdre de ce qu'il valait au premier jour. Indépendamment de diverses autres causes bien connues de la haute valeur que l'on a attribuée dans tous les temps aux métaux précieux dans les échanges commerciaux, cette durée presque indéfinie de leur valeur, en fait certainement un des objets dont la possession contribue le plus à la richesse des nations; et celle qui donne son or en échange d'un objet dont la valeur doit bientôt disparaître, joue certainement le rôle de *Jean*, et doit réparer cette perte par un échange en sens inverse, si elle ne veut marcher rapidement vers la misère.

Un négociant de Bordeaux fait venir une cargaison de sucre de la Havane, de la valeur de

200,000 fr. qu'il paie en écus; cette valeur est bien sortie du royaume, en une matière qui vaudra encore tout autant, lorsque l'objet qui est entré en échange sera complètement anéanti. Dire que dans ce cas la France ne s'est pas appauvrie, serait certainement le plus étrange paradoxe.

Mais, dit-on, l'armateur n'a pas payé sa cargaison en écus; il en a acquitté le prix en papier sur *Paris*, ou peut-être même sur *Londres*; et comme ce papier ne représente que la marchandise contre laquelle il a été échangé, il n'est réellement rien sorti du royaume..... Je ne puis voir ici qu'une pure illusion, et rien n'est plus erronné à mon avis et plus dangereux par les conséquences que l'on en a déduites, que cette opinion d'après laquelle des valeurs en papier représentent la marchandise contre laquelle elles ont été échangées. Vous me dites que ces traites par lesquelles j'ai acquitté le prix de la cargaison de sucre que vous m'avez vendue, ne sont autre chose que le signe représentatif de ces barriques de sucre; mais, lisez donc ces traites; n'indiquent-elles pas une somme en numéraire, qui doit être payée par tel, dans telle ville et à tel jour? Ces traites passeront successivement entre les mains de dix ou quinze individus; quelle est, pour chacun

*

d'eux, la valeur de ce papier, et que représente-t-il à leurs yeux? N'est-ce pas uniquement la somme en écus dont elles portent l'énoncé? Et que leur importe que, dans l'origine, ces traites aient été créées pour être données en échange contre une somme semblable, ou contre des barriques de sucre? Le sucre n'est plus rien pour eux, et chacun d'eux ne voit et ne doit voir dans chaque traite, qu'une somme déterminée en écus, ou si l'on veut, qu'un certain nombre de livres et d'onces d'argent à tel titre, qui doit être échangé à une époque fixe, contre ce bout de papier. Ces effets représentent donc bien réellement une somme en numéraire, et non une marchandise : ils représentent la valeur en écus qui devait être donnée en échange de la marchandise. Et en définitif, il est entièrement indifférent pour la France que la cargaison de sucre ait été payée effectivement en écus emportés par le même navire qui a introduit la marchandise, ou qu'elle soit acquittée en traites sur Londres; car si l'acheteur de Bordeaux a donné ce papier, c'est qu'il possédait sur la place de Londres, la somme en écus qu'il représente, et cette somme quoiqu'existant matériellement à Londres, n'en était pas moins une propriété française, une richesse pour la France, puisqu'elle était possédée par un propriétaire français. Que le négociant tire de sa caisse une somme de 200,000 fr. pour l'envoyer à la Havane, ou qu'il donne à toucher une somme semblable qu'il possède à Londres, ou qu'il sait qu'il y possédera à telle époque, le résultat en est entièrement le même pour la richesse nationale.

De toutes les valeurs ou objets qui peuvent faire la matière des échanges, les métaux précieux ou le numéraire, sont la seule qui puisse par l'accumulation, former ce qu'on appelle communément des capitaux, et qui jouisse de la propriété de pouvoir être représentée par du *papier circulant*, parce que c'est le seul objet qui présente assez de fixité dans sa valeur, en divers lieux et à diverses époques, non-seulement pour que deux hommes consentent à en livrer ou recevoir une quantité déterminée à une époque fixe, en échange d'une quantité quelconque de marchandises de quelque nature que ce soit, mais aussi pour que cette valeur soit la même aux yeux de tous ceux qui pourront donner ou recevoir ce papier. Cette propriété du numéraire a dû, indépendamment d'autres causes dont il est inutile de parler ici, lui donner, dans toutes les transactions commerciales, une importance qui le met hors de pair avec toutes les autres marchandises.

Il résulte de cette propriété, qu'une nation est riche, non-seulement du numéraire qui existe effectivement chez elle, mais aussi de celui qui est représenté par le papier sur l'étranger qui est en la possession de ses habitans ; car si ce papier n'est pas des écus, il est l'objet qui donne la disposition des écus, et celui qui le possède, est le véritable propriétaire de la somme qu'il représente. On conçoit facilement en effet, qu'une nation riche de grands capitaux produits par une accumulation successive, peut bien n'avoir chez elle qu'une petite quantité de numéraire, comme cela se voit assez souvent ; mais elle peut posséder en papier sur l'étranger, la propriété réelle d'une masse de numéraire qui circule chez les autres nations, et qu'elle pourra faire venir, aussitôt que ses besoins l'exigeront ; de même qu'il est possible qu'une nation ne puisse disposer, pour sa circulation intérieure, que d'une masse de numéraire qui ne lui appartient pas, mais dont elle paie toujours bien cher la jouissance, parce que les capitalistes des autres nations qui tiennent en portefeuille le papier qui le représente, savent bien profiter de la nécessité pour lui en faire payer un escompte excessif, tandis que le taux de l'intérêt est toujours très-bas chez le peuple qui, riche en papier, peut facilement faire venir, au premier besoin, tout le numéraire qu'exige sa circulation intérieure. Cette dernière nation est celle qui, par une longue succession d'échanges d'objets périssables qu'elle produit, contre une valeur durable comme les écus, a accumulé des capitaux abondans ; tandis que la nation pauvre est celle qui a constamment échangé les objets qu'elle consomme, contre les écus qu'elle possédait.

Cette dernière nation peut devoir à d'autres, sous la forme de sommes d'argent, la valeur d'une partie plus ou moins considérable des divers objets ou marchandises qui sont en sa possession , et qui formeraient sa richesse, si elle n'était grévée d'aucune dette ; cette nation est pauvre, si je puis m'exprimer ainsi , de toutes les sommes qu'elle doit, et qui excèdent celles qui lui sont dues. On voit par-là que l'on présente une idée bien fausse du degré d'importance des exportations d'écus ou d'obligations qui accompagnent nécessairement les importations de tout autre espèce de marchandise, lorsqu'on ne les considère que relativement à la masse du numéraire circulant dans un pays, et qu'on nous dit qu'il est indifférent que l'argent en sorte, parce que le numéraire ne forme qu'une partie infiniment petite des richesses d'une nation, et qu'il en reste toujours assez pour la circulation.

Un des principaux argumens que l'on trouve

partout, dans la bouche des hommes qui prétendent qu'il est indifférent d'acheter, de produire
ou de vendre se réduit à ceci : *Lorsqu'un individu ne peut pas produire un objet à aussi
bas prix qu'un autre, il convient mieux au
premier d'acheter cet objet près du dernier,
que de le produire; et il en est de même
entre les nations : si la Suède peut produire
le fer à 15 fr. le quintal, nous agissons contre les principes de l'économie, lorsque nous
refusons de le lui acheter à ce prix, pour
le produire chez nous à un prix plus élevé.*
Un instant de réflexion fait sentir le vice radical
de ce raisonnement, et il n'existe aucune parité
entre ces deux suppositions : en effet, lorsque
l'on dit qu'il convient mieux à un individu d'a-
cheter un objet pour un prix déterminé, que de
le produire lui-même à un prix supérieur, on
suppose qu'il doit payer à d'autres le prix de
production, de même qu'il paierait à un autre
le prix de l'objet s'il l'achetait, et dans ce cas,
la proposition est de toute évidence ; et si cet
individu produit l'objet par son propre travail,
tandis qu'il pourrait employer ce travail d'une
autre manière plus lucrative pour lui, le cas est
encore le même, puisque pour produire l'objet
dont il avait besoin il a perdu l'avantage de
vendre à un autre, un produit d'une valeur su-

périeure à celui qu'il a créé. Mais lorsqu'une nation produit, elle ne paie pas à d'autres le prix de production, elle le paie à elle-même ; en sorte qu'elle acquiert la possession de l'objet produit, en conservant le prix, tandis qu'en achetant cet objet à d'autres, elle n'en acquiert la possession qu'en perdant la valeur de l'objet qu'elle donne en échange. Pour le fer, par exemple, lorsque nous en tirons de la Suède, il sort du royaume des objets d'une valeur égale ; mais lorsqu'un manufacturier français le produit, il paie le prix de production à d'autres Français, en sorte que l'objet produit et le prix qu'il a coûté restent dans la masse des richesses nationales. Sans doute, si l'on considère les choses sous le rapport du bien-être et de la richesse générale de toutes les nations prises en masse, le principe des économistes est vrai, parce qu'alors la nation qui produit et celle qui achète jouent le même rôle que les deux individus dont ils invoquent la comparaison, et que ces deux nations forment des membres de la grande société du genre humain ; de même que deux individus français producteurs et acheteurs sont des membres de la nation, et apportent à la masse des richesses du pays, la valeur de leurs propriétés personnelles. Mais lorsque l'on individualise les nations, que l'on recherche les sources de leurs richesses particulières, il faut bien reconnaître que ce que chacune d'elles produit, en le tirant de son sol ou du travail de ses habitans, est une acquisition pour laquelle elle ne paie rien, tandis qu'elle ne peut obtenir les produits créés par une autre nation, sans enlever à sa propre richesse une valeur égale qu'elle donne en échange. L'échange entre les nations, considérée sans égard à la *durée* des objets échangés, n'ajoute pas à la richesse de l'une d'elles la valeur de l'objet qu'elle reçoit; mais par la production intérieure la valeur de l'objet produit s'ajoute réellement à la richesse générale du pays.

On a dit souvent aussi que *l'on ne doit pas considérer une importation de marchandises comme donnant nécessairement lieu à une exportation d'argent, mais que l'objet que l'on achète à l'étranger, quoique le prix en soit stipulé en numéraire, et payé par d'autres produits intérieurs, vendus au dehors; que les nations étrangères ne peuvent nous acheter nos produits, si nous refusons de leur procurer un débouché des leurs en les achetant.* Il est bien certain qu'une partie considérable des importations faites par un peuple, se paie toujours ainsi, par des exportations de ses propres produits; mais pour ne pas jeter la confusion dans cette question, il est nécessaire de considérer en particulier, comme je l'ai fait, les effets de l'importation et de l'exportation, ou de l'échange d'objets dont la destruction est plus ou moins rapide, achetés ou vendus par une nation, contre une valeur d'une durée presque indéfinie, comme le numéraire. Lorsqu'il est bien reconnu qu'une nation accroît la masse de ses richesses lorsqu'elle produit et exporte, en échangeant ses productions peu durables contre du numéraire, tandis qu'elle les diminue lorsqu'elle importe en payant en écus, et consomme les objets de ses importations, on conçoit facilement qu'entre les importations et les exportations considérées en masse, il s'établit une balance que l'on appelait autrefois *balance du commerce*; et quoique cette expression soit regardée de nos jours par beaucoup de personnes, comme insignifiante et presque ridicule, elle ne présente pas moins une idée très-juste, et qui fournit pour chaque nation une mesure exacte de l'accroissemement ou de la diminution de ses richesses par l'effet de ses relations commerciales avec l'étranger; car cette balance doit bien se solder soit en numéraire, soit en obligations de fournir du numéraire à une époque déterminée. S'il est vrai, par exemple, que la *balance du commerce* soit, pour

une nation de 3o millions à son désavantage,
c'est-à-dire que ses importations dépassent de
cette somme, celle de ses exportations, cela revient au même que si, n'ayant rien exporté
elle avait seulement importé et payé en écus,
des marchandises pour une valeur de 20 millions.
On voit bien que dans tout ceci, je considère
les échanges entre les nations, dans la suppo-
sition que la valeur des objets donnés est égale
à celle des objets reçus, et sans aucun égard à
l'augmentation de valeur qui donne lieu aux
bénéfices du commerce; c'est une question à part
dont la complication ne pourrait que jeter l'obs-
curité sur celle que j'ai cherché à éclaircir ici; et
l'on ne trouverait dans l'examen de cette autre
question, rien qui pût affaiblir les bases sur lesquelles sont établis les principes que j'ai posés. En
effet, quel que soit le bénéfice qu'a pu faire l'armateur de Bordeaux, en revendant à ses conci-
toyens la cargaison de sucre qu'il a importée, la
valeur totale de cette cargaison n'est pas moins
sortie du royaume en écus, et la valeur totale
du sucre ne sera pas moins anéantie dans le
cours d'une année environ. C'est ainsi qu'un
commerce qui enrichit quelques individus, peut
fort bien être ruineux pour leur nation.

Quant à la seconde partie du raisonnement
que je viens de rapporter, savoir qu'il faut bien

être nous-mêmes acheteurs à l'égard des autres nations, pour les mettre en état de nous acheter à leur tour nos produits, il y a sans doute des cas où ce principe peut recevoir son application, et où une nation n'achète chez nous que parce que nous achetons chez elle; mais dans diverses circonstances où ce principe était invoqué dans l'intérêt privé des importateurs, j'avoue qu'il me semblait entendre *Jean* dire à *Pierre :* Tu mets tes écus en réserve pour t'enrichir; tu n'es qu'un sot, mon ami : va, comme moi, chaque semaine, les échanger chez le marchand de vin ; tu t'enrichiras, et il finira par avoir besoin d'un habit : tu es tailleur, et il s'adressera peut-être à toi pour te l'acheter; tu retrouveras ainsi tes écus avec un gros bénéfice ?

Je dois encore citer un argument auquel un des plus habiles défenseurs de la doctrine que je combats ici, M. *Say* a donné de grands développemens, qui revient fréquemment sous sa plume, et qui est sans cesse répété par les hommes qui cherchent à démontrer qu'il est indifférent pour la richesse d'une nation, qu'elle crée chez elle ou qu'elle importe les objets qu'elle consomme. Voici la substance de cet argument : *On ne peut acheter des produits qu'avec des produits ; ainsi lors-*

qu'on importe un objet quelconque, on l'é-
change contre une valeur égale créée à l'intérieur et dont la production a encouragé l'industrie nationale, autant que l'aurait fait celle
de l'objet importé. « Il faut toujours remonter
» là, ajoute M. *Say* (1); c'est toujours (sauf les
» dépouilles obtenues par la force) de ses pro-
» pres fonds qu'une nation tire TOUT ce qu'elle
» consomme, même ce qu'elle fait venir de
» l'étranger. » Qu'une nation tire de *ses pro-*
pres fonds, selon l'expression de M. *Say*, ce
qu'elle achète au dehors ainsi que ce qu'elle
crée, cela n'est pas douteux ; de même qu'il est
exactement vrai que l'on ne peut acheter des
produits qu'avec des produits : cela accordé, il
faudrait, pour que la conséquence que l'on
veut tirer de ces principes fût fondée, qu'une
nation ne pût acheter chaque année des produits étrangers, qu'avec des produits créés chez
elle dans le même espace de temps ; car si elle en
emploie à ces achats une plus grande quantité,
elle ne peut prendre cet excédant que sur des
produits créés précédemment et qu'elle possédait
encore, c'est-à-dire *sur ses capitaux* ; puisque

---

(1) Traité d'économie politique, 1826, tome 1er, page
214.

M. *Say* lui-même a montré de la manière la plus lumineuse, comment les capitaux que possède une nation ne sont que des produits accumulés. Dans un espace de temps donné, une nation a consommé plus qu'elle n'a produit, si elle a été forcée d'acheter les objets de sa consommation en les échangeant contre des produits créés antérieurement, et accumulés sous forme de capitaux.

Les nations sont sous ce rapport, entièrement dans le même cas que les individus; ceux-ci ne peuvent non plus acheter des produits qu'avec leurs propres produits, c'est-à-dire, avec les produits de leurs capitaux, de leurs terres, de leur industrie, ou avec leurs capitaux eux-mêmes qui sont originairement des produits. Mais si un individu emploie, dans l'espace de chaque année, à acheter des objets de consommation, une valeur plus considérable que celle de ses produits de l'année, il ne peut prendre cet excédant que sur ses capitaux, et il s'appauvrit, ou il contracte des dettes et engage les produits qu'il obtiendra dans l'avenir. C'est précisément ce que nous indique la *balance du commerce*, relativement à une nation : elle nous dit si la portion des produits créés dans l'intérieur pour l'exportation, et réellement exportés pendant un temps déterminé, est égale, supérieure ou inférieure à la masse de produits importés en échange. Si elle est inférieure, il est clair que la nation a payé avec ses capitaux, une partie des importations. Il est cependant possible que la nation ne se soit pas appauvrie pendant cette année, et même qu'elle se soit enrichie : cela arrivera dans le cas où l'excédant de ses productions intérieures sur ses consommations, aura été plus que suffisant pour compenser la perte qu'elle a faite par son commerce extérieur. Si, par exemple, en faisant abstraction de tous les objets importés ou exportés, cette nation a produit pour une valeur de 100 millions, et consommé seulement pour 80 millions, il lui restera un excédant de 20 millions qui sera ajouté à ses capitaux ; mais si nous supposons, d'un autre côté, que dans son commerce extérieur, elle ait importé et consommé des valeurs pour 20 millions, et qu'elle n'ait vendu et exporté que pour 15 millions, cette différence de 5 millions sera payée sur l'excédant de sa production intérieure, et au lieu de se trouver à la fin de l'année, riche de 20 millions de capitaux de plus, elle n'en possédera réellement que quinze : en sorte que, dans tous les cas, c'est toujours sur ses capitaux qu'une nation paie nécessairement l'excédant de ses importations sur ses exportations.

De toutes les nations du monde, l'Angleterre est probablement la première où l'on ait compris ce mécanisme de *balance du commerce*, et où la législation ait pris les moyens de favoriser la production intérieure et l'exportation, par des restrictions à l'entrée ou à la sortie, par des droits de douane, par des primes, par des prohibitions. Pendant long-temps, la Grande-Bretagne a eu à traiter avec des nations où ces principes n'étaient pas compris, ou l'étaient si mal, que les traités de commerce que l'on souscrivait avec elle, semblaient des marchés stipulés entre l'homme le plus habile dans les affaires, et un mineur sans expérience. Par ces moyens, cette nation a porté sa richesse et sa prospérité industrielle, à un point dont nous avons tous été les témoins. La position insulaire de ce peuple lui a infiniment facilité les moyens de gouverner à son gré les importations et les exportations ; mais la principale cause qui lui a fait atteindre le but, ce sont ses institutions qui, permettant toujours une discussion libre et publique de tous les intérêts nationaux, éclairaient sans cesse la route, et forçaient constamment l'administration d'y marcher ; et lorsqu'on a dit que l'Angleterre devait uniquement sa prospérité à ses institutions, et qu'elle était arrivée à ce haut degré de richesse, *malgré* son système restrictif et non *à cause* de ce système, on est tombé dans la plus étrange contradiction ; car on a supposé que les institutions de la Grande-Bretagne avaient été les causes de sa prospérité, précisément en lui faisant prendre la route qui devait l'en éloigner. Il n'est pas un seul homme d'état, en Angleterre, qui ait jamais douté que la base fondamentale de la richesse et de la prospérité du pays, ne fût ce célèbre *Acte de Navigation* qui a régularisé le *régime de protection* dans la législation de ce peuple.

Cependant, c'est de l'Angleterre, et au moment même du plus grand développement de cette prospérité, qu'est parti le premier cri d'anathème contre les prohibitions et les restrictions commerciales. C'est *Adam Smith* qui s'est chargé de la tâche de faire comprendre à toutes les nations qu'elles se ruineraient elles-mêmes, si elles ne laissaient pas à la Grande-Bretagne seule, l'usage des moyens qui l'enrichissaient d'une manière si admirable.

Cette doctrine a trouvé des échos dans plusieurs écrivains anglais, et cela n'est certes pas surprenant ; car il est trop évident qu'au moment où les nations étrangères commençaient à se prémunir contre un système qui soutirait toutes leurs richesses au profit d'une seule nation, et à se défendre par les mêmes armes, il ne restait à l'Angleterre qu'un seul moyen de continuer

son monopole lucratif, c'était de persuader aux
autres nations qu'elle s'était enrichie par un système ruineux, et que les autres peuples devaient
bien se garder de l'imiter. Mais ce principe nouveau d'économie politique a trouvé aussi en
France de nombreux échos; de toutes parts on a
entendu proclamer cet axiome favori de l'école :
Laissez faire et laissez passer; et peu s'en faut
qu'aujourd'hui cette doctrine ne soit, sans contestation, considérée comme devant former la
règle d'une administration éclairée.

Ici, il faut dire que la facilité et l'espèce de
faveur avec laquelle cette doctrine a été admise
chez nous, tient à une des circonstances les plus
honorables pour la France et pour notre siècle;
je veux dire, à cette disposition qui porte si vivement les esprits vers tout ce qui peut favoriser
la liberté générale, et réunir tout le genre humain par les liens d'une bienveillance réciproque.
Cette disposition est certainement le plus bel apa-
nage de notre époque et de notre nation; mais
il faut se garder d'en faire une cause de ruine,
pour cette France naturellement si généreuse; il
faut faire abstraction du *sentiment,* pour juger
raisonnablement la *doctrine.* Lorsque l'on verra
les principes comme ils sont, on fera, avec connaissance de cause, la part des intérêts nationaux, et la part de cette bienveillance universelle,

dont le sentiment porte d'une manière si remarquable, l'opinion publique en France, vers l'abnégation des intérêts matériels, dans les relations des nations entr'elles.

L'établissement du système restrictif et prohibitif a produit un mal immense sur le bien-être général des nations considérées en masse; cette vérité est à l'abri de toute contestation; et c'est sur l'Angleterre seule que doit en peser le reproche; car les autres nations n'ont fait, en adoptant ce système, qu'user d'un moyen de défense légitime et nécessaire. Mais malheureusement, ce désastreux système a poussé des racines qui le rendront bien difficile à extirper : presque toutes les nations voudraient aujourd'hui reculer dans cette route ; mais si l'une recule un peu plus que les autres, elle sera évidemment dupe, et ses intérêts seront gravement compromis, tandis qu'il y a tout à gagner pour celle qui, ralentissant sa marche rétrograde, se laisserait devancer par les autres, dans ce retour à un système de liberté. Cette vérité explique très-clairement l'hésitation avec laquelle tous les gouvernemens marchent dans cette nouvelle direction; et en effet, il est bien difficile de s'entendre lorsqu'il est question de faire marcher d'un pas égal, et sur une même ligne tant d'intérêts si divers et si compliqués.

L'Angleterre elle-même comprend très-bien que ce système prohibitif par lequel elle est parvenue à un si haut degré de richesse et de puissance, ne vaut plus rien pour elle aujourd'hui, et qu'elle est peut-être de toutes les nations la plus intéressée à le combattre, parce que, repoussée de toutes parts par des lignes de douane et des représailles de prohibition ou de droits, elle a perdu tous les avantages que lui donnait ce système, lorsqu'elle savait seule s'en prévaloir; et parce que le monopole lui a procuré, dans un grand nombre de branches d'industrie, une supériorité tellement marquée, qu'avec la liberté, elle se sentirait assez de force pour écraser les industries analogues chez les autres nations. De là, la tendance libérale de l'administration de M. *Canning* et de M. *Huskisson;* mais il est facile de prévoir que l'Angleterre avancera le moins qu'elle le pourra dans cette route que la nécessité seule la force de prendre. Par quelques concessions et par beaucoup de démonstrations, elle s'efforcera d'engager les autres nations sur ce terrain, en cédant de son côté le moins qu'elle le pourra; elle obtiendra peu, parce que le temps des traités de commerce est passé pour elle : on sait trop à quel prix on les fait avec son gouvernement. Toutes les autres nations se disputeront également entr'elles le terrain; car je ne veux pas prévoir le cas où l'aveuglement et l'esprit de système détermineraient un gouvernement à précipiter sa marche, par des mesures ruineuses pour la nation dont les intérêts lui sont confiés; et l'on peut affirmer que le désastreux système de restrictions commerciales, pèse encore pour long-temps sur les nations du monde. Sans doute, il appartient à la France de se placer à la tête d'un mouvement qui, quoique nécessairement très-lent, tend à affranchir le genre humain d'une des servitudes qui entravent le plus péniblement sa marche vers les améliorations dans l'état général de la société; mais aussi, il faut se garder d'une précipitation qui compromettrait gravement les intérêts de la nation, et il faut que l'on connaisse bien toutes les conséquences des concessions que l'on pourra faire à la liberté des relations commerciales. C'est pour cela qu'il m'a paru utile de soumettre à un examen particulier, quelques-unes des questions de douanes qui intéressent le plus directement l'agriculture.

§ IX. *Du droit d'entrée sur les fers.*

On a entendu depuis quelque temps les propriétaires de vignes diriger les plaintes les plus vives contre les droits d'entrée établis sur les fers

étrangers, auxquels ils attribuaient une diminution dans la consommation des produits de leur
industrie, par les nations qui peuvent nous fournir
des fers. J'ai déjà dit un mot sur ce sujet en parlant de l'impôt sur les boissons, et il me semble
inutile d'y revenir ici, parce qu'on a démontré avec
la plus parfaite évidence que ces plaintes étaient
fondées sur des suppositions entièrement fausses;
mais l'agriculture se présente ici avec un intérêt
bien plus réel dans cette question. En effet, la
consommation du fer entre pour une proportion
si considérable dans les dépenses de la production agricole, que l'élévation du prix de cette
matière occasionnée par les droits d'entrée, élève
considérablement le prix de production de tous
les objets créés par l'industrie agricole.

Aujourd'hui, le prix des fers est assez généralement en France, à peu près triple des prix
de cette matière en Angleterre; et comme la valeur du fer brut entre pour plus de moitié dans
la valeur des ouvrages de maréchalerie qu'exigent la construction et la réparation des instrumens d'agriculture, il en résulte qu'en supposant
que le prix du fer ne fût pas plus élevé en
France qu'il l'est en Angleterre, la dépense annuelle de chaque cultivateur, serait diminuée du
tiers au moins du montant de ce qu'il paie
au maréchal pour les ouvrages de ce genre. Il

faut faire remarquer ici que cette économie s'accroîtrait à mesure que l'agriculture s'exercerait avec des procédés plus parfaits; car si la dépense en ouvrage de maréchalerie est peu considérable dans les cantons où l'agriculture est très-arriérée, et où par conséquent les produits bruts sont très-faibles, elle s'accroît dans une grande proportion pour les cultivateurs, qui, employant des procédés plus parfaits, ont besoin d'instrumens plus nombreux et moins grossiers; en sorte que l'élévation du prix des fers présente un des plus grands obstacles à l'amélioration des procédés agricoles; et le bas prix de cette matière est probablement une des circonstances qui ont le plus puissamment contribué, en Angleterre, au perfectionnement successif des instrumens aratoires, qui a permis aux cultivateurs de cette nation d'apporter dans tous leurs travaux, un si haut degré de perfection et d'économie.

L'abaissement du prix du fer est donc une des circonstances qui doivent apporter à l'agriculture le plus de soulagement, et encourager avec le plus d'efficacité, l'amélioration des procédés de l'art; mais il serait téméraire d'en conclure que les cultivateurs éclairés doivent désirer, soit la suppression totale du droit d'entrée, qui abaisserait infiniment le prix de la matière, soit une

réduction de ces droits, si elle devait compromettre l'industrie de la fabrication du fer en
France : en effet, il ne suffit pas pour les cultivateurs d'obtenir pour un moment le fer à bas
prix, il faut que leur approvisionnement de cette
matière soit assuré, et à des prix uniformes,
car un renchérissement subit pourrait produire
des maux incalculables. C'est uniquement de la
production du fer dans l'intérieur, et dans
le voisinage de la consommation et des besoins, que l'on peut attendre cette fixité dans
les prix. Heureusement, d'après les développemens que nous voyons prendre depuis quelques
années à l'industrie de la fabrication du fer en
France, on peut regarder comme à peu près
assurée une diminution graduelle dans les prix,
qui sera le résultat nécessaire de la concurrence, et qui, selon toutes les probabilités,
ne doit pas beaucoup tarder à nous placer, sous
ce rapport, au niveau de l'Angleterre. De toutes
parts, s'élèvent de grands établissemens où l'on
introduit les procédés au moyen desquels les
fabricans anglais sont parvenus à obtenir les fers
à si bas prix; et il me semble qu'en ce moment
il ne s'agit que de laisser faire l'industrie, pour
que nous n'ayons bientôt plus rien à envier à
nos voisins, sous le rapport du bas prix d'un
produit que l'on pourrait nommer la matière

première par excellence. Il est certain qu'aujourd'hui, les bénéfices des maîtres de forges sont en général très-élevés, et qu'un grand nombre d'entr'eux arrivent promptement à de grandes fortunes; mais c'est précisément cette circonstance qui hâtera l'époque de l'abaissement des prix, parce que c'est elle qui détermine l'emploi d'immenses capitaux à la formation d'établissemens qui ne peuvent être créés qu'avec la perspective de grands profits; car le succès d'une entreprise de ce genre, n'est presque jamais complètement assuré d'avance, dans un art aussi nouveau chez nous que l'est la fabrication du fer par les procédés introduits d'Angleterre. Comme il est certain, cependant, qu'il se rencontrera plusieurs points du royaume où cette fabrication pourra s'établir dans des conditions aussi favorables qu'en Angleterre, nous pouvons être assurés d'arriver au but, et lorsque le développement du système de canalisation facilitera sur tous les points du territoire français, le transport du minérai, du charbon de terre et du produit des forges, il n'est pas douteux que nous ne jouissions comme nos voisins d'outre-mer, de tous les avantages du bas prix des fers. Dans mon opinion, c'est de ce développement successif, mais assuré, que les cultivateurs français doivent attendre patiemment une baisse dans les prix, qui assurera à l'art qu'ils professent, des encouragemens incalculables.

Quelques personnes qui ne reculent devant aucune conséquence, lorsqu'il s'agit de l'application de ce qu'elles regardent comme un principe, ont dit : « Il est bien vrai que si nous ti-
» rions notre fer de l'étranger, il pourrait survenir
» telle circonstance où les prix s'élèveraient ex-
» trêmement, et où nous paierions les fers peut-
» être quatre ou cinq fois plus cher qu'aujour-
» d'hui; mais aussi, dès ce moment et dans tous
» les temps ordinaires, les prix s'abaisseraient
» certainement de moitié au moins; et, comme
» les circonstances qui amèneraient le renchéris-
» sement seraient rares et de courte durée, il y
» aurait plus que compensation; car pour appré-
» cier les résultats, il faut considérer le terme
» moyen des prix pendant une longue suite
» d'années; et si par l'effet d'une guerre mariti-
» me, la France ne pouvait plus tirer de fer de
» l'Angleterre et de la Suède, elle en tirerait
» d'ailleurs, par exemple de l'Espagne...... »
J'avoue qu'il m'est impossible de songer sans effroi, aux funestes effets qui résulteraient pour l'agriculture, d'une élévation considérable et subite du prix des fers, au moment même où le bon marché de cette matière aurait fait contracter l'habitude d'en multiplier l'usage; et pour les

neuf dixièmes des cultivateurs français, je trouve qu'il serait très-peu rassurant d'entrevoir la possibilité d'être forcé de faire venir par terre, leurs socs de charrue de la Catalogne. Aussi, en ne considérant ici que l'intérêt de l'agriculture, et en laissant de côté l'immense importance de l'industrie de nos forges pour la richesse publique, je pense que c'est uniquement des effets de la concurrence intérieure, que nous devons attendre l'abaissement du prix des fers.

§ X. *Du droit d'entrée sur les bestiaux.*

Ce droit est un de ceux qui ont provoqué le moins de plaintes, et par ce motif, j'en parlerai très-brièvement, et je me bornerai à quelques considérations générales. Un droit d'entrée sur les bestiaux étrangers est nécessaire pour encourager en France la production animale : cette vérité me semble démontrée par l'expérience ; mais on est forcé de convenir aussi qu'elle accuse bien cruellement notre agriculture. Presque tous les pays qui nous fournissent des bestiaux, sont placés dans des situations analogues et souvent moins favorables que la nôtre, sous le rapport de la production agricole ; dans plusieurs d'entr'eux, les impôts sont plus onéreux qu'en France pour l'agriculture, et cependant ils peuvent produire à plus bas prix que nous. Rien n'atteste mieux que cette vérité, notre position arriérée, dans la carrière des améliorations agricoles ; car si plusieurs parties de l'Allemagne, le royaume des Pays-Bas, la Suisse, le Danemarck, etc., nous fournissent, malgré des droits élevés, des bœufs, des moutons et des chevaux, à nous qui possédons un territoire si vaste et si fertile, il est impossible d'en découvrir aucune autre cause si ce n'est la supériorité dans leurs procédés de productions. Il est humiliant d'être forcé d'enregistrer un fait semblable, mais il ne faut pas reculer devant la vérité ; car c'est seulement dans la connaissance de notre position réelle, que nous pouvons puiser l'énergie nécessaire pour reprendre, parmi les nations agricoles, le rang que nous n'aurions jamais dû perdre. Quelques personnes se sont plaintes du droit d'entrée, parce qu'il forme souvent un obstacle à l'importation des types améliorateurs de nos races ; mais cette opinion a trop souvent pris sa source dans l'erreur qui porte à croire qu'il faut, pour améliorer une race, la croiser avec une autre. Les races sont fortes et belles, là où elles sont bien nourries, c'est-à-dire, là où l'agriculture est avancée ; elles sont chétives dans les localités où l'on ne sait pas leur procurer une subsistance suffisante ;

et mille faits démontrent que les races d'un canton s'améliorent avec une étonnante rapidité, et
changent presque instantanément de caractère,
par le seul effet de l'introduction de la culture des
prairies artificielles ; tandis que l'on a complètement échoué, toutes les fois que l'on a voulu,
sans apporter des changemens dans l'économie
agricole, introduire dans un pays, des races
plus belles et plus fortes que celles qui y exis-
taient. Avec les améliorations de la culture,
l'introduction de types de races étrangères, peut
être utile dans un très-petit nombre de cas,
mais n'est jamais nécessaire pour arriver promptement à de très-beaux résultats, du moins
lorsqu'il n'est question que d'agrandir et d'em-
bellir les formes. Sans ces améliorations, l'introduction de races étrangères est toujours une
dépense et une peine complètement perdue ;
ainsi je pense que l'on peut se borner à établir,
comme on l'a fait jusqu'à présent, des exceptions particulières à la perception des droits
d'entrée sur les bestiaux, dans les cas où il
serait reconnu qu'il peut être réellement utile
d'introduire certains types améliorateurs.

L'analogie du sujet me détermine à dire ici
quelques mots sur les droits établis à l'entrée
sur les bestiaux dans les grandes villes. Souvent déjà l'on a réclamé contre l'usage géné-

ral de fixer ces droits par tête de bétail, et il est facile de concevoir que ce mode de perception est extrêmement nuisible à la production nationale. En effet, les droits de douanes sur les bestiaux étant fixés aussi par tête, il en résulte nécessairement qu'il n'entre dans le royaume que les animaux des plus grandes races des pays qui nous approvisionnent, et encore de préférence, les plus grands individus de ces races : un bœuf de 4 quintaux ne franchira jamais la frontière, puisqu'il serait assujéti aux mêmes droits qu'un bœuf de 10 à 12 quintaux. Jusqu'ici cela ne présente aucun inconvénient pour l'industrie nationale; mais si les droits d'octroi sont également fixés par tête, ces animaux étrangers obtiendront, sur les marchés, une préférence décidée sur les animaux du pays. On place ainsi en concurrence, la généralité des bestiaux d'un pays où les races sont souvent faibles et petites, avec l'élite des bestiaux produits dans des contrées où les races sont généralement plus volumineuses, parce que l'agriculture y est plus avancée, et la subsistance du bétail plus abondante. Il est évident que, par ces dispositions, on jette sur les bestiaux du pays, une défaveur très-nuisible à la production.

Dans les villes où les bouchers sont contraints

de conduire leurs bestiaux à des abattoirs pu-
blics, il serait très-facile d'imposer pour le droit
d'entrée, le quintal de viande, au lieu de la tête
de bœuf ou de mouton; mais il me semble qu'il
serait encore préférable de fixer le droit d'octroi d'après le poids des bestiaux en vie; par ce
moyen, on accorderait une prime aux races de
bestiaux dans lesquels le poids de viande nette,
entre pour une plus grande proportion dans le
poids total de l'animal. C'est un point auquel
ont fait m·'heureusement très-peu d'attention jusqu'ici les éleveurs français, et qui est, à juste titre,
considéré comme d'une très-haute importance en
Angleterre, depuis que l'art de l'éducation du
bétail y a atteint un haut degré de perfection. Les
races de bœufs, de moutons et de porcs, présentent des différences très-considérables sous ce rapport, et tandis que dans les meilleurs races de
moutons anglais, 100 livres de l'animal en vie
rendent 75 livres de viande nette et même davantage, plusieurs de nos races françaises ne
rendent que 50 ou 60 par % du poids de
l'animal vivant. Cette considération est beaucoup
plus importante pour l'éleveur, pour l'engrais-
seur, et pour la production et la richesse générale, que le poids absolu de chaque animal.
Il est assez indifférent, en effet, que l'on obtienne
un quintal de viande en un seul mouton ou en

deux; car la consommation en fourrages aura
été égale dans les deux cas, et un mouton de
100 livres coûtera autant à nourrir que deux
moutons de 50 livres; mais la valeur réelle des
animaux sera bien différente, si le quintal du
poids des animaux en vie produit en proportion
plus ou moins grande, les parties du corps des
animaux auxquelles ils doivent leur valeur pour
les usages de la boucherie. Il serait donc extrêmement utile à l'agriculture que ce genre d'a-
mélioration dans l'éducation de nos bestiaux fût
encouragé par le mode de perception des droits
d'octroi; la fixation de ces droits par quintal du
poids des animaux en vie, atteindrait bien ce but,
puisque les bouchers auraient ainsi un intérêt
direct à payer à un plus haut prix les animaux
dans lesquels la viande nette se trouverait en plus
grande proportion, tandis que le mode actuel de
perception ne favorise dans les races indigènes,
qu'une qualité entièrement indifférente, à l'a-
mélioration réelle des espèces, et place la production intérieure, dans la situation la plus défavorable à l'égard des produits étrangers. Ces
considérations me paraissent d'une très-haute
importance pour les progrès ultérieurs de l'é-
conomie du bétail en France, et il me semble
que la loi devrait imposer aux villes l'obligation

de fixer, d'après le poids des animaux en vie,
les tarifs de leurs droits d'octroi.

§ XI. *Du droit d'entrée sur les grains.*

On peut appliquer à l'introduction des grains
de la plupart des contrées qui avoisinent nos
frontières, les observations que j'ai présentées
en parlant de l'introduction des bestiaux étrangers : en effet, si plusieurs parties de l'Allemagne, la Belgique, etc., peuvent nous fournir
des grains à plus bas prix que nous ne pourrions leur en vendre, il est impossible d'assigner à cette circonstance d'autre cause que la
supériorité de leurs procédés agricoles ; et en
supposant que l'agriculture fût aussi avancée
en France que dans ces pays, il y aurait peu
d'inconvénient à supprimer toutes les restrictions
à l'entrée ou à la sortie, puisque si l'agriculture
française pouvait supporter avec avantage la concurrence, la libre circulation tournerait alter-
nativement au profit d'une nation ou de l'autre,
selon que les chances des saisons auraient fa-
vorisé ou contrarié la production dans chaque
pays. Ainsi, lorsque notre agriculture aura atteint
un degré de perfection qui nous fera marcher
de pair, sous ce rapport, avec les nations voi-

tines, il me semble qu'il serait utile de renoncer entièrement à la législation restrictive sur la circulation des grains, relativement aux provenances de ces nations; cependant ces changemens dans la législation ne devraient jamais être opérés que graduellement et par des dispositions annoncées long-temps à l'avance; sans cela, on ruinerait une multitude de fermiers dont les baux sont calculés sur la législation actuelle. Mais il est d'autres pays avec lesquels il sera probablement impossible que l'agriculture française puisse de long-temps soutenir la concurrence : ce sont les contrées peu peuplées, qui, quoique situées à de très-grandes distances, peuvent approvisionner de céréales nos marchés ; et en particulier les côtes de la Baltique, de la Mer Noire, les pays arrosés par les fleuves qui y versent leurs eaux, plusieurs parties de l'Amérique septentrionale, etc. Dans les contrées où des sols très-fertiles n'ont presque aucune valeur, où l'on peut par conséquent, presque sans aucun sacrifice sur le loyer ou la rente du sol, abandonner pendant une longue suite d'années le terrain qui a fourni une ou deux récoltes de céréales, et transporter la culture dans un autre terrain pour en obtenir encore de riches récoltes, par un seul labour et presque sans dépenses, où l'emploi si coûteux des engrais et les soins minutieux de la bonne agriculture ne sont pas nécessaires pour procurer aux plantes la plus vigoureuse végétation; là, une population extrêmement restreinte peut produire des céréales en immense quantité et à un prix qui rendrait toute concurrence impossible pour les nations peuplées et civilisées; et lorsque le transport peut s'effectuer par eau et à très-bas prix, il devient indispensable pour elles de limiter du moins par des droits d'entrée, une importation qui anéantirait une grande partie de la production intérieure.

D'autres motifs viennent encore se réunir ici à la question économique, lorsqu'il s'agit de la production d'une matière qui forme la base de la subsistance de la population, et pour laquelle on ne peut s'exposer aux risques que pourrait faire courir une interruption dans les importations : ces motifs sont trop généralement connus, pour que je doive m'y arrêter ici. Je ferai seulement remarquer que s'il est une branche de production qui mérite d'être encouragée, en la considérant purement sous le rapport de la richesse générale d'un pays, c'est certainement la production des grains, à laquelle on ne peut comparer aucune autre, sous le rapport de l'importance des valeurs qu'elle crée chaque année. On peut évaluer à environ 100 millions d'hectolitres de froment, la consommation an—

nuelle de la France, et par conséquent la production moyenne; en attribuant à l'hectolitre le prix moyen de 15 fr., cette production présente une valeur d'un *milliard cinq cents millions*; et si l'on porte à la moitié de cette somme la valeur de tous les autres grains, comme orge, avoine, maïs, etc., on trouvera que la production annuelle des grains en France offre une valeur de plus de *deux milliards*. Quel genre d'industrie, quelle espèce de production oserait placer son chiffre à côté de celui-ci? Et si l'on réfléchit que cette valeur n'est encore qu'une partie des produits de l'*agriculture* restreinte dans les limites où j'ai cru devoir circonscrire cet art, et que l'on avait peut-être trouvées bien étroites, on pourra se former une idée de la part pour laquelle l'industrie agricole contribue à la richesse générale d'une nation.

La législation française actuelle sur l'importation et l'exportation des grains, n'a guère été l'objet d'une critique que de la part de quelques personnes qui l'ont accusée, dans ces derniers temps, de l'espèce de disette qui afflige une partie de nos départemens. Il me semble qu'il est impossible de porter une accusation plus mal fondée : en effet, au temps de l'excessive abondance qui nous a aussi désolés pendant sept années consécutives, la prohibition de l'importation a certainement eu pour effet de s'opposer à une dépréciation encore plus considérable, et par conséquent de soutenir la production intérieure au-dessus du niveau où elle serait nécessairement tombée si les prix s'é-taient avilis encore davantage. Mais comment concevoir que la disette a été amenée par cet excédant dans la production intérieure? comment ne pas demeurer convaincu au contraire, que cette faveur accordée à la production a dû accroître constamment la masse des subsistances, et retarder du moins l'instant de la pénurie, si elle n'a pu complètement en prévenir le retour? En effet, on sait bien que la masse des grains importée, quoiqu'elle puisse exercer une forte influence sur les prix, ne présente jamais qu'une ressource presque insignifiante pour l'ensemble de la population répartie sur un territoire comme celui de la France ; c'est toujours sur la pro-duction intérieure, qu'il faut compter pour sa subsistance ; et cette production a incontestable-ment été augmentée par la prohibition à l'entrée dans les temps d'abondance. Depuis que les prix se sont élevés, l'importation a été ouverte là où des besoins réels se faisaient sentir ; et dans tous les départemens qui peuvent profiter de l'impor-tation, il n'est pas possible qu'il survienne une disette, toutes les fois que les nations étran-

gères qui peuvent les approvisionner, seront en
mesure de le faire d'après leur propre approvisionnement. Il y a donc de l'injustice à ac-
cuser de la pénurie actuelle, une législation qui
tend, il est vrai, à tenir les prix plus élevés
aux époques d'abondance, mais qui, par cela
même, prévient les disettes autant qu'il est possible de le faire, en provoquant un accroissement dans la production intérieure. Cette législation est un mécanisme que l'on a déjà vu
fonctionner dans des circonstances très-diverses,
et dont l'expérience a démontré l'efficacité. S'il
y avait quelques modifications de détail à y apporter, ce ne serait, je crois, que dans la combinaison des marchés régulateurs, afin d'obtenir
plus de certitude que l'importation sera promptement autorisée sur tous les points où le besoin s'en ferait sentir.

§ XII. *Du droit d'entrée sur les sucres.*

Au moment où le système colonial que les
nations de l'Europe avaient fondé en Amérique,
s'écroule de toute part, où il n'offre plus que
quelques débris dont il est impossible de ne pas
prévoir la prochaine disparition, une industrie
nouvelle donne à l'Europe l'espoir de remplacer

par un produit indigène, la plus riche production de nos colonies. Mais en même temps, des
intérêts de divers genres se présentent en concurrence : le commerce demande avec instances qu'on
lui permette de fournir à l'approvisionnement
de la France, les produits, soit des colonies
étrangères, soit des autres parties de l'Amérique, soit enfin de l'Inde. Ces prétentions sont
vivement appuyées par les hommes dont les opinions se rattachent à la nouvelle école d'économie politique : c'est au nom de la liberté du
commerce, que l'on réclame la faculté d'aller
acheter des sucres là où l'on peut les obtenir au
prix le plus bas ; et aussitôt que ce mot de
liberté est prononcé, il produit sur tous les
cœurs généreux un effet tellement magique, qu'il
semble que la discussion ne soit plus permise.
Cependant, pour une nation, la première condition de la liberté, c'est l'indépendance ; et l'indépendance, c'est la prospérité et la richesse ;
car la puissance est à ce prix. C'est donc sous
le rapport de la richesse nationale, qu'il faut
examiner ce sujet. Je laisserai entièrement de
côté la question coloniale, qui est étrangère au
plan que je me suis tracé dans cet écrit, et je
vais présenter quelques considérations sur les
résultats probables de l'établissement en France
du nouveau genre d'industrie qui a pour objet

la fabrication du sucre ; je commencerai par indiquer l'influence qu'il doit naturellement exercer
sur la prospérité et les progrès de notre agriculture : le point de vue agricole de la fabrication
du sucre de betterave, offre un si haut degré d'importance, qu'il me semble que les considérations
qui s'y rattachent, méritent d'occuper une grande
place dans les motifs qui doivent amener la solution de la question du commerce des sucres.

Pour les hommes qui connaissent l'état actuel
de l'agriculture en France, il est avéré qu'un des
plus graves obstacles qui se présentent à tout cultivateur qui veut améliorer son système d'exploitation, réside dans la difficulté de trouver un
emploi lucratif aux *récoltes sarclées* dont l'introduction est nécessaire pour supprimer l'emploi de la jachère. C'est une vérité qui a été
développée par un noble Pair, M. de *Morel-
Vindé*, avec trop de talent et d'étendue de
connaissances pour que j'aie besoin d'y insister
ici. L'exécution des meilleurs assolemens vient
souvent échouer devant cet obstacle : on peut
bien produire des récoltes sarclées, c'est-à-dire
des pommes de terre, des betteraves, etc.; mais
que faire de ces produits ? Nous sommes forcés de
convenir que l'art de l'éducation des bestiaux n'est
pas encore assez avancé en France, pour qu'il soit

possible, dans une multitude de circonstances, d'employer ces produits à leur subsistance, avec un profit qui dédommage le cultivateur des frais qu'ils ont entraînés. Dans ces circonstances, rien ne pouvait favoriser davantage l'adoption des assolemens alternes, que la découverte d'un emploi profitable d'une des plantes qui peuvent le plus facilement entrer dans ces assolemens, et qui convient à presque tous les sols et à presque tous les climats de la France. Il s'est trouvé encore que, dans les procédés de la fabrication du sucre, les deux tiers au moins de la matière nutritive que contiennent les betteraves, sont, sous forme de résidus, applicables à la nourriture de nos bestiaux les plus précieux ; en sorte que le propriétaire qui améliore ses assolemens, en y introduisant la betterave destinée à cette fabrication, est irrésistiblement forcé d'augmenter le nombre de son bétail, d'accroître la masse de ses fumiers, et de porter ainsi sur ses terres, une source de fertilité qui accroît ses récoltes de toute espèce. Si nous ajoutons à cela, que les spéculations de ce genre portent nécessairement vers l'agriculture, une masse considérable de capitaux qui, en France, prennent si difficilement cette direction, nous concevrons facilement l'étonnant essor qu'a pris l'industrie agricole, dans le voisinage des fabriques de sucre qui se sont formées jusqu'à ce jour, et nous ne serons nullement surpris de l'accroissement rapide du prix de vente ou de loyer des propriétés fon–cières, que l'on observe dans ces cantons.

Je pourrais ajouter ici que c'est certainement par la culture des betteraves destinées à la fa–brication du sucre, que s'établira avec le plus de facilité en France, l'usage des instrumens perfectionnés si éminemment utiles pour obtenir la perfection et l'économie, dans les procédés de semaille et de binage; déjà je puis attester qu'il existe en France plus de semoirs et de houes à cheval en activité dans les cultures des sucreries, que dans tout le reste de l'agriculture nationale. On ne sera pas surpris de ce fait si l'on pense que ces entreprises sont toujours dirigées par des hommes éclairés, auxquels les moyens pécuniaires ne manquent pas, et que leur intérêt excite à chercher partout la connaissance des pratiques les plus parfaites et les plus économiques, dans toute la série de leurs opérations. De leurs mains, les instrumens perfectionnés et toutes les autres bonnes pratiques agricoles, passeront prompte–ment dans la culture de leurs voisins. En gé–néral, lorsque l'on observe avec attention les circonstances relatives à ce nouveau genre d'in–dustrie, on remarque que presque partout, le propriétaire qui songe à introduire dans ses domaines des améliorations agricoles, porte aussitôt ses projets vers l'établissement d'une sucrerie; et dans toutes les exploitations jointes aujourd'hui à des sucreries, l'amélioration des procédés agricoles a été la conséquence immédiate de cette destination d'une partie des produits. Il en sera nécessairement de même partout où s'établiront des sucreries; et l'idée d'améliorations agricoles, est tellement liée à ce genre d'industrie, qu'il est certainement démontré aux yeux de tout homme qui a pu se former des idées précises sur ce sujet, qu'aucune circonstance ne peut exercer une influence plus puissante sur les progrès ultérieurs de notre agriculture, que le prompt développement de l'industrie de la fabrication du sucre indigène.

En réclamant la suppression du monopole du tabac, on a bien souvent fait valoir les avantages que l'agriculture pourrait trouver dans la libre culture de cette plante. Je ne suis certes pas disposé à contester ces avantages, mais qu'il me soit permis d'établir en peu de mots ici un parallèle entre la culture du tabac et celle de la betterave destinée à la fabrication du sucre. Le tabac ne peut se cultiver que sur des sols d'une haute fertilité, qui, sans lui, seront toujours couverts de riches récoltes, et qui ne connaissent pas la jachère; comme il exige une énorme quantité d'engrais, sans en produire, sa culture suppose un état déjà très-prospère de l'industrie agricole. La betterave au contraire se contente de presque tous les sols qui sont destinés à la culture des céréales et des prairies artificielles ; elle entre partout dans la succession régulière de ces récoltes, elle trouve une place dans les meilleurs assolemens que l'on peut adopter dans toutes nos exploitations rurales ; elle y remplace la jachère, et par la quantité de fumier qu'elle produit, elle enrichit autant les assolemens dans lesquels on l'introduit, que le tabac appauvrit ceux dans lesquels il entre. La culture du tabac est un don réservé à nos provinces les plus riches, et où les procédés agricoles ont déjà atteint un haut degré de perfection. La culture de la betterave est destinée à porter la fertilité et la richesse agricole, dans nos départemens les plus arriérés ; c'est là qu'elle se fixera certainement avec le plus d'avantage, p... que c'est là qu'elle trouvera les conditions économiques les plus favorables, c'est-à-dire des terres à bas prix, et des bras sans emploi ; et elle n'a pas besoin de trouver, comme cela est nécessaire pour le tabac, une agriculture déjà riche en production d'engrais : elle les apporte avec elle. Lorsque les conditions que je viens d'indiquer se trouveront réunies au bas prix du combustible, circonstance

économique fort importante pour une fabrique
de sucre, on peut être assuré que c'est dans ces
localités que se fixera, avec le temps, la fabrication du sucre de betterave. Ainsi, les départemens de la Nièvre, de l'Allier, de la Haute-
Saône, et nos autres départemens du centre,
voisins des mines de houille et où l'industrie
agricole est si arriérée, seront infailliblement
enrichis par cette industrie.

La culture du tabac ne peut enrichir que la
petite ou tout au plus la moyenne culture, car
seules elles peuvent s'y livrer. Je suis loin de
méconnaitre l'importance de la petite culture,
et personne n'est plus disposé que moi à sentir
la puissante influence qu'elle exerce sur la richesse agricole du pays ; je reconnais tout ce
qu'elle offre de précieux pour le bonheur et
la moralité de la population, et je regarde
comme la plus heureuse circonstance de notre
situation agricole et sociale les immenses développemens que la petite culture a pris en France
depuis quarante ans. Mais il est impossible de
se dissimuler que ce n'est pas elle qui a besoin,
en ce moment, d'assistance et d'efforts en sa
faveur ; elle s'accroît, s'améliore et s'enrichit
chaque jour avec une étonnante rapidité, tandis
que la grande culture, si elle ne reste pas sta-
tionnaire chez nous, se perfectionne à pas si

lents, qu'on peut à peine les apercevoir. J'ai indiqué ailleurs les causes de cette différence, et il serait trop long de m'y arrêter ici ; mais je demanderai si, dans ces circonstances, on ne doit pas attacher une haute importance à tout ce qui peut tendre spécialement à l'amélioration de la grande culture ? Rien n'est plus propre à atteindre ce but que la fabrication du sucre attachée aux grandes exploitations agricoles.

Si nous cherchons à apprécier l'importance relative des cultures du tabac et de la betterave, nous trouverons qu'à l'époque de la culture libre du tabac, elle occupait en France environ 14,000 hectares ; il paraît qu'aujourd'hui elle en occupe seulement 8 ou 10,000. Lorsque la France produira le sucre nécessaire à sa consommation actuelle, c'est-à-dire, environ 35,000,000 kilog., les betteraves qui le produiront occuperont à peu près 35,000 hectares de terre ; car on peut compter qu'en moyenne chaque hectare produit environ 1,000 kilog. de sucre. On peut donc évaluer l'étendue de terre qui sera utilisée par ce genre d'industrie, au quadruple environ de la surface territoriale qui est employée à la culture du tabac. En évaluant la surface moyenne du territoire d'une commune à 1,000 hectares, et en supposant qu'un dixième de cette surface serait consacrée annuellement à la culture de la betterave, on voit que cette industrie, bornée à la consommation du pays, porterait dans 350 communes, un système agricole qui, par l'accroissement de fertilité qui en est le résultat infaillible, y doublerait la production de tous les autres genres de récolte, et répandrait de toute part autour de lui, l'exemple des bons procédés d'agriculture. On conclura, je pense, de ce parallèle, que s'il est très-fâcheux que des restrictions viennent entraver la libre culture du tabac, l'industrie agricole peut trouver dans celle de la betterave, pour la fabrication du sucre, une compensation qui lui ouvrira des ressources bien plus importantes encore, et qui exercera sur sa prospérité une influence beaucoup plus puissante.

Je dois faire remarquer que la fabrication du sucre indigène ne peut diminuer aucune autre espèce de production : les travaux des fabriques ayant nécessairement lieu pendant l'hiver, la main-d'œuvre qui y sera employée ne sera presque jamais qu'utiliser un temps perdu pour l'industrie de la classe laborieuse des campagnes ; les jachères, au lieu d'être vouées à la stérilité, fourniront la matière première ; le charbon de terre qui sera consommé dans les fabriques, formera une addition à la quantité qui est annuellement extraite de nos mines ; en un mot, lorsque la France produira le sucre nécessaire à sa consommation, que l'on peut évaluer à la somme de 40 ou 50 millions de francs, ce sera bien une augmentation réelle de richesses, un accroissement de revenu national, sans qu'aucun autre genre d'industrie puisse en éprouver de diminution, ou en recevoir aucune atteinte préjudiciable. L'évidence de cette vérité m'aurait empêché de l'indiquer ici, si des économistes modernes, en forçant les conséquences de ce principe très-vrai en lui-même, que l'on ne peut acheter des produits qu'avec des produits, n'en avaient conclu que la France ne serait pas plus riche si elle produisait chez elle le sucre qu'elle consomme qu'en l'achetant à l'étranger. Pour que cette conséquence fût vraie, il faudrait que l'on nous montrât que lorsque nous produirons le sucre chez nous, nous produirons en moins, pour une valeur égale, une autre denrée que nous exportons aujourd'hui pour payer notre approvisionnement en sucre ; mais il n'y a pas la moindre raison qui puisse appuyer cette assertion. Transportons-nous pour un instant à cette époque, peut-être beaucoup plus rapprochée de nous que nous ne le croyons, où les débris de nos colonies s'étant échappés de nos mains, nous dépendrons de l'Inde pour notre consommation de sucre, si nous ne le produisons pas chez nous. Quel motif plausible ou même spécieux pourrait-on alléguer, pour prétendre que nous exporterons des produits pour un seul écu de plus, dans le cas où nous ferons dans l'Inde notre approvisionnement de sucre, que dans celui où nous le produirons sur notre territoire? Fera-t-on avec l'Inde un traité de commerce pour la forcer d'acheter nos produits en échange de ses sucres? On nous dira sans doute quels produits nous vendrons à ces contrées qui vendent à tout le monde sans acheter rien de personne.

Dans les plus beaux jours de notre industrie coloniale, on se félicitait vivement de cette nécessité où la métropole avait placé des contrées lointaines, de lui acheter ses produits, en échange de ceux qu'elle lui fournissait : un immense mouvement avait lieu dans trois ou quatre de nos villes maritimes; les douanes enregistraient avec soin et exactitude, la masse des exportations et celle des importations. Mais lorsque la fabrication indigène sera établie, les ouvriers de nos sucreries consommeront-ils moins que ne le faisaient les nègres de nos colonies? Nos fabriques d'étoffes gagnaient-elles plus à fournir le pantalon de toile qui forme l'unique vêtement de ces derniers, qu'à habiller les blancs qui trouveront dans les salaires que leur procurera la fabrication française, le moyen de satis-

faire à une multitude de besoins et de jouissances ? Un accroissement de population dans
la classe ouvrière, suite nécessaire de cette augmentation dans ses moyens d'existence, ne com-
pensera-t-elle pas et bien au-delà, sous le rapport de la consommation, la population noire
que nous n'aurons plus à nourrir, à vêtir, et
à faire périr dans les horreurs de l'esclavage ?
Sans doute, le mouvement de production et de
consommation auquel donneront lieu les fabriques
nationales, ne pourra plus être constaté par les
registres des douanes ; il ne donnera plus lieu,
en se concentrant sur quelques points privilé-
giés, à des bénéfices pour les armateurs de Bordeaux ou du Hâvre ; mais combien ne sera-t-il
pas plus actif et plus favorable à la prospérité
générale, en se divisant sur la surface du territoire ? combien ne sera-t-il pas plus assuré
contre toutes les chances des événemens ? Par
la fabrication indigène du sucre, nous transpor-
tons chez nous nos colonies, nous les incorpo-
rons à notre territoire, avec tous les avantages
que l'on a jamais pu s'en promettre dans les
suppositions les plus favorables du système colonial, mais sans aucun des inconvéniens qu'en-
traînait cette monstrueuse combinaison.

Il est malheureusement impossible que j'omette
de répondre ici à quelques allégations d'un pu-

*

bliciste pour le talent duquel je professe l'estime
la mieux sentie, et qui a rendu d'éminens ser-
vices à la science de l'économie politique. Les
paroles de M. *Say* ont trop de poids pour que
l'on puisse se dispenser de les examiner, lorsque l'on a le malheur de se trouver en opposition
avec lui. Dans l'article ci-dessus relatif aux *droits
de douanes*, je crois avoir suffisamment pro-
testé contre les conséquences exorbitantes que cet
écrivain d'accord avec la secte actuelle des économistes, croit pouvoir tirer, en général, relativement à l'influence des importations et des exportations sur la richesse des peuples, de quelques
principes très-vrais en eux-mêmes, mais dont on
me semble avoir abusé pour en déduire, par des
erreurs manifestes, les doctrines les plus préjudi-
ciables aux intérêts de la France; mais puisque
M. *Say* a cru devoir appeler spécialement en
cause la fabrication indigène du sucre, il faut
bien aller au-devant de lui sur ce terrain.
Par suite de l'évidente prédilection qui préoc-
cupe cet écrivain pour le commerce d'importation, il traite souvent l'industrie intérieure
avec une partialité qui ne l'a pas abandonné
lorsqu'il a voulu parler de la fabrication du
sucre de betterave; voici comme il s'exprime à
ce sujet : « Je ferai remarquer en passant que
» c'est un bien mauvais calcul que de vouloir

» obliger la zône tempérée à fournir des pro-
» duits de la zône torride. Nos terres produisent
» péniblement, en petite quantité et en qualité
» médiocre, des matières sucrées et colorantes
» qu'un autre climat donne avec profusion...
» Lorsque nous condamnons nos terres à nous
» donner ce qu'elles produisent avec désavan-
» tage, aux dépens de ce qu'elles produisent
» plus volontiers ; lorsque nous achetons par
» conséquent fort cher ce que nous paierions
» à fort bon marché si nous le tirions des lieux
» où il est produit avec avantage, nous deve-
» nons nous-mêmes victimes de notre propre
» folie. » (*Traité d'Économie politique*, 1826,
tome 1er, page 209). Le tableau, comme on le
voit, n'est pas flatté. M. *Say* a-t-il bien pesé
ses paroles, en traitant aussi durement cette
pauvre fabrication ? la connaissait-il bien lorsqu'il a tracé ces lignes ? Arrêtons-nous un moment à l'examen de ces diverses allégations :
d'abord, *est-il question de faire fournir à la
zône tempérée des produits de la zône torride ?* La betterave n'est-elle pas aussi naturelle
à nos climats, que la canne aux pays inter-
tropiquaux ? Parce qu'on a ignoré long-temps
l'art d'extraire le sucre de la première de ces
plantes, faut-il rejeter cette découverte lorsqu'elle s'offre à nous ? La zône torride avait-elle

acquis, par prescription, le droit éternel d'étouffer tout genre d'industrie qui aurait pour but de produire le sucre hors de ses limites? Il me semble entendre un contre-sens, lorsque je vois un homme tel que M. *Say* protester ainsi contre les découvertes des sciences, et chercher à circonscrire les arts et l'industrie dans leurs antiques limites. Que veut dire ensuite cette expression, *de produits de médiocre quantité?* Il me semble que s'il y a une vérité démontrée aujourd'hui dans la science et dans l'industrie, c'est celle qui constate la complète identité du sucre de betterave avec celui de la canne; le dégustateur le plus expérimenté, le plus habile chimiste, ne peuvent établir entr'eux aucune différence. Quant à la quantité des produits sur une surface donnée, personne ne peut contester l'excessive infériorité de nos terres, sous le rapport de la fertilité, avec celles de nos colonies dans lesquelles on cultive la canne à sucre : là, c'est dans les sols les plus riches, que se concentre cette culture, et le climat aussi-bien que le sol y développe un luxe de végétation dont rien ne peut approcher dans nos climats froids.

Examinons néamoins la question de la production du sucre en comparant les produits d'une étendue de terre donnée cultivée en cannes ou en betteraves. J'ai rapproché avec beaucoup de

soin tous les documens que j'ai pu recueillir
sur la production du sucre dans nos colonies,
en confrontant et comparant ce qu'ont écrit sur
ce sujet, M. *de Caseau* qui a habité pendant
long-temps les Antilles anglaises, et qui les connaît parfaitement bien, M. *Dutour*, colon très-
instruit qui a écrit l'article *Canne à sucre* dans
le *Nouveau Dictionnaire d'Histoire naturelle*,
M. *du Trone La Couture* auquel nous devons
un bon traité sur la culture de la canne et la
fabrication du sucre, et même *Raynal* qui a
recueilli des documens exacts sur ce sujet : je
trouve que la production du sucre, dans les
exploitations des colonies d'Amérique, varie
entre 1,000 et 2,000 kilog. par hectare de terre
emplantée en cannes ; on cite des exemples de
4,000 kilog., mais ce sont des cas très-rares,
et il ne paraît pas que la production moyenne
puisse être évaluée à plus de 12 à 1,500 kilog.
M. *Say* me fournit dans la page même que je
viens de copier, une donnée qui vient confir-
mer cette évaluation : il rapporte d'après M. *de
Humboldt*, que sept lieues carrées de terrain
suffisent, dans les colonies d'Amérique, pour
fournir la quantité de sucre nécessaire à la consommation annuelle de la France. La lieue car-
rée présentant une superficie de 2,500 hectares,
ces sept lieues carrées formeraient une étendue
de 17,500 hectares. Si ce calcul s'appliquait à la

consommation actuelle du royaume, que l'on évalue à environ 35 millions de kilog., il présenterait pour résultat du produit de chaque hectare, 2,000 kilog. de sucre brut. Mais il est bien plus probable que le calcul de M. *de Humboldt* se rapporte à la quantité de sucre que consommait la France à l'époque où le savant voyageur explorait les contrées de l'Amérique, et alors cette consommation ne dépassait pas 20 millions de kilog., en sorte que nous n'aurions pour résultat qu'une production de 11 à 1,200 kilog. de sucre par hectare de terre cultivée en cannes.

Mais ces résultats sont-ils donc si différens de ceux que l'on obtient dès aujourd'hui de la culture de la betterave, dans le sol froid et épuisé de notre vieux continent, et dans l'état d'imperfection où sont encore les procédés d'un art si nouveau ? Que M. *Say* veuille bien prendre des informations dans nos fabriques, et il se convaincra qu'un produit de 1,000 kilog. de sucre par hectare de terre, est une chose tout ordinaire. En effet, les betteraves produisant dans les fabriques bien dirigées, cinq pour cent de leur poids en sucre, ce produit ne suppose qu'une récolte de 20,000 kilog. de betterave par hectare, ce qui n'est pas au-dessus du terme moyen des produits d'une bonne culture, dans

un sol passablement fertile. Il n'est nullement
rare d'obtenir des récoltes de betteraves de 50
et même de 75 mille kilogrammes par hectare,
ce qui nous rapproche beaucoup du maxi-
mum des produits de la canne. Il y a ici une
remarque importante à faire : la canne n'est ré-
coltée que 18 mois après sa plantation, tandis
que la betterave n'occupe le sol que pendant
6 mois au plus. Si nous avons égard à cette
différence, ce qui n'est que juste, nous arrive-
rons à ce résultat bien peu prévu, que les terres
de nos fermes produisent, sur une étendue et
dans un espace de temps donné, une quantité
de sucre plus considérable que les plantations de
cannes du nouveau monde. Que reste-t-il maintenant des allégations de M. *Say?* Et cependant
quelle impression défavorable pour notre nouvelle branche d'industrie, n'a pas dû résulter de
cette opinion d'un homme célèbre, sur l'esprit
de ses nombreux admirateurs !

Je passe à l'examen rapide de l'état dans lequel se trouve aujourd'hui cette fabrication en
France.

Le royaume ne produit encore qu'une très-
petite partie du sucre qu'il consomme; cependant cette quantité a pris depuis quelques années
un tel accroissement, et les fabriques se multiplient à tel point qu'il est facile de prévoir que

si rien ne vient comprimer cet élan, il ne nous faudra pas une très-longue suite d'années pour nous affranchir complètement de toute importation de ce produit. Il est très-remarquable que c'est dans la France seule, que ce mouvement est imprimé à l'industrie : en Allemagne où cette fabrication a pris naissance, et où elle avait reçu un assez grand développement sous l'empire du blocus continental, elle a été complètement anéantie par la concurrence libre avec le sucre des deux Indes ; ainsi, si nous continuons de marcher dans la route sur laquelle nous nous avançons à grands pas, la France deviendra, selon toutes les apparences, le centre de la production du sucre en Europe ; et pour celui qui a été à portée de mesurer autant qu'il est possible de le faire aujourd'hui, l'étendue et la portée des perfectionnemens que cet art peut recevoir par l'expérience et les développemens de la pratique, il demeure très-probable qu'une nation convenablement située pour ce genre d'industrie, et qui aura su se l'approprier par la priorité de date, pourra, dans la suite et peut-être pendant long-temps, non-seulement suffire à sa propre consommation, mais aussi soutenir avec succès la concurrence chez les nations voisines, avec les sucres étrangers.

Mais serait-il prudent de compromettre cet

avenir en livrant cette industrie à la concurrence à une époque où elle n'est pas encore en état de la supporter? La fabrication du sucre est encore chez nous dans un état très-voisin de l'enfance; les fabriques se multiplient, mais partout on manque de contre-maîtres et d'ouvriers expéri-mentés; parmi les établissemens qui se forment tous les jours, combien devront encore succomber devant les obstacles et les difficultés que rencontre nécessairement toute industrie nouvelle! Celle-ci en éprouvera encore plus que tout autre, parce qu'elle est exercée dans le plus grand nombre des cas, et par la nature même des choses, dans des exploitations rurales éloignées de toutes les ressources industrielles que présentent les villes, et par des propriétaires étrangers à la direction d'une spéculation industrielle; et il faudra encore bien des années pour que l'entre-prise d'une sucrerie de betterave présente aux propriétaires un succès assez assuré pour qu'on puisse considérer ce genre d'industrie comme établi chez nous sur des bases solides. Jusque-là, l'espoir de bénéfices assez élevés peut seul dé-terminer les hommes sages à employer à une entreprise de ce genre, les capitaux qu'elle exige impérieusement.

L'opinion a infiniment varié sur l'étendue des bénéfices que l'on peut attendre d'une sucrerie de betterave dans l'état actuel des choses; et aujourd'hui encore, on trouverait à côté d'une multitude de personnes qui regardent ces entreprises comme des folies ruineuses, quelques individus qui soutiennent que les bénéfices que font les fabricans, sont assez élevés pour qu'on puisse abaisser les droits d'entrée sur les sucres étrangers, sans risquer de compromettre l'existence des fabriques nationales; remarquons cependant que cette dernière opinion est toute nouvelle, qu'elle a été faite hier, par des hommes qui ont un intérêt personnel à la réduction des tarifs, et par ceux-là même qui, il y a trois jours, ne parlaient qu'avec dérision du sucre de betterave. D'un autre côté, les hommes qui portent dans la question un intérêt opposé, les fabricans de sucre ont présenté des calculs d'après lesquels leurs bénéfices ne sont pas supérieurs à ceux que produisent une multitude d'autres genres d'industrie. On attache naturellement peu de confiance à des calculs de ce genre présentés par les parties intéressées, et cette défiance est en général très-fondée; c'est pour cela qu'il m'a paru que l'on pourrait attacher quelque prix à connaître, sur ce point, l'opinion d'un homme aujourd'hui étranger à cette fabrication, et qui ne porte dans la question, d'autre intérêt que celui d'un Français ami de son pays, mais qui connaît assez les circonstances et les détails de la fabrication, pour se former des idées justes sur ce sujet. Depuis 10 ans que j'ai cessé de me livrer à la fabrication du sucre de betterave, j'ai eu mille occasions de me tenir au courant de ce qui concerne cette branche d'industrie : je connais les divers perfectionnemens qui y ont été successivement apportés, et j'ai assez travaillé et observé sur ce sujet, pour apprécier l'étendue de l'influence de ces perfectionnemens, soit sur la diminution des frais de production, soit sur l'augmentation des produits ; d'un autre côté, dans mes relations nombreuses avec des personnes qui se livrent à cette fabrication, ou qui ont acquis, dans l'intention de s'y livrer, des connaissances positives sur la question économique de ce genre d'industrie, chacun s'est exprimé avec moi en toute liberté, sans détour et sans arrière-pensée. Je crois donc être en état d'avoir sur ce sujet une opinion conforme aux faits, et de pouvoir la présenter avec quelque confiance. Je déclare que j'ai l'entière conviction que dans les fabriques qui ont passé leur temps d'apprentissage, qui travaillent avec les meilleurs procédés connus, et sont dirigés avec cet ordre, cette économie et cette entente des détails qui doivent assurer le succès de tout genre d'industrie, la fabrication ne présente, au prix actuel des sucres en France, que des bénéfices fort modérés, et qui ne dépassent pas ce qui est strictement nécessaire pour pouvoir déterminer des hommes prudens à s'aventurer dans la même carrière. Je connais plusieurs fabriques qui jusqu'ici ont été constamment en perte, quoique les propriétaires ne le disent pas à tout le monde, par des motifs faciles à deviner; je connais un grand nombre de propriétaires qui hésitent à former des entreprises de ce genre, et plusieurs d'entr'eux se sont arrêtés dans leurs projets, à cause de l'inquiétude que leur inspirait les résultats problématiques de l'enquête commerciale. Je suis convaincu que toute réduction dans les droits d'entrée arrêterait instantanément l'essor que prenait en France ce genre d'industrie. Je sais bien, et les fabricans éclairés savent comme moi que les perfectionnemens que cette fabrication si jeune chez nous pourra recevoir, donneront dans la suite beaucoup de latitude dans les prix de production : d'une part, on diminuera encore les dépenses, et de l'autre je suis persuadé que l'on portera encore fort haut l'augmentation des produits que l'on obtient d'une quantité donnée de betteraves ; mais combien il en coûtera de tatonnemens et de fautes pour obtenir ces résultats ! Combien de fabriques succomberont encore avant

cette époque, parce qu'il leur manque quelque
chose pour faire aussi bien qu'il est possible !
Combien ne pourront pas subsister assez long-
temps pour acquérir une expérience que des
années seules peuvent donner, dans un genre
d'opérations qui embrasse le cercle entier d'une
année, en sorte que ce n'est presque jamais que
dans l'année suivante, que l'on peut profiter de
l'expérience acquise par les fautes que l'on a
commises, soit dans la culture, soit dans les
procédés de fabrication ! Dans combien d'entr'elles ne faudra-t-il pas encore attendre pendant
des années, que l'on ait pu trouver ou former
des contre-maîtres et des ouvriers capables d'apporter à des opérations de la nature la plus
délicate et la plus difficile, les soins et les connaissances pratiques nécessaires pour en obtenir
un succès constant et uniforme !... Et c'est dans
de telles circonstances que l'on voudrait compromettre le sort d'une industrie naissante qui
promet à la France une si importante source de
richesses !

Au fond, que demandent aujourd'hui les fabricans ? Est-ce une augmentation dans les droits
existans ? Non ; c'est simplement le maintien de
la législation, sur la foi de laquelle ils ont formé
des entreprises utiles à leur pays encore plus
qu'à eux-mêmes. Portera-t-on le découragement

dans leur esprit, écartera-t-on de cette carrière tous ceux qui se préparaient à y entrer, en montrant que le gouvernement ne porte aucun intérêt à ce genre d'industrie, et qu'il n'est nullement disposé à le soutenir de sa protection? Il y a vraiment quelque chose d'étrange dans l'insistance avec laquelle on s'efforce en ce moment à préoccuper l'opinion publique en faveur d'une réduction de droits d'entrée sur les sucres. Comme impôt, les consommateurs ne pensent guère à s'en plaindre, car cet impôt est très-modéré, et la matière sur laquelle il porte n'est pas de première nécessité, quoique les habitudes de l'aisance en aient beaucoup étendu la consommation. C'est au nom des commerçans importateurs des sucres étrangers que l'on insiste avec le plus de force; mais de quoi se plaint donc le commerce? Ses opérations sur les sucres diminuent-elles d'année en année? Au contraire, les importations se sont accrues dans une proportion prodigieuse depuis quinze ans; les raffineurs interviennent de leur côté dans la question; et l'on croirait à les entendre que toutes les raffineries du royaume vont être fermées, si l'on n'abaisse pas les tarifs. Mais si les importations de sucre se sont accrues, l'industrie des raffineurs a reçu des accroissemens correspondans, car tout ou presque tout le sucre brut

qui entre chaque année dans le royaume, passe
par leurs mains avant d'arriver aux consommateurs; et si les raffineurs font valoir les bénéfices que l'industrie française pourrait retirer
de l'exportation des sucres raffinés, comment
pourrait-on mettre en balance, sous le rapport
de la richesse générale, l'industrie qui exporte
une petite partie d'un produit tiré du dehors,
après lui avoir donné une légère augmentation
de valeur, avec l'industrie qui crée ce produit
lui-même, et qui enrichit la nation de la matière première et de tout l'accroissement de valeur que peuvent lui donner les travaux du
raffineur?

J'ai dit qu'il y a quelque chose *d'étrange*
dans les réclamations si pressantes que l'on apporte en ce moment contre le tarif des sucres;
j'aurais pu dire quelque chose *d'étranger;* et
s'il faut dire toute ma pensée, il y a là quelque chose *d'anglais.* En remontant à la source
de ces réclamations, ne rencontrerait-on pas
des Français qui eussent cédé à leur insu, à
des suggestions venues du dehors? Ce qui est
certain, c'est que l'intérêt de l'Angleterre est
immense dans cette question : on sait bien que
les combinaisons du monopole colonial, peuvent
seules permettre à l'Amérique de soutenir la con-

currence avec l'Inde, pour la fourniture du sucre aux nations de l'Europe; et au moment où la chute inévitable de ce monopole vient donner à la nation britannique l'espoir bien fondé de recueillir toute cette succession, et d'acquérir à son tour pour ses possessions de l'Inde, le monopole de la fourniture du sucre à l'Europe, un genre d'industrie s'élève qui menace d'entrer en concurrence avec les productions asiatiques, et qui, encore dans l'enfance, laisse entrevoir la prétention de soutenir avec succès cette rivalité. Étouffer dans son berceau le monstre qui pourrait apporter un tel déplacement dans la production d'un des objets les plus lucratifs du commerce anglais, serait certes une belle opération diplomatique; des moyens de tous les genres seront, sans aucun doute, employés pour atteindre ce but; et ce serait bien peu connaître le gouvernement anglais que de ne pas le croire disposé à faire mouvoir des ressorts de tout genre pour obtenir ce point de sécurité. C'est à la France, à laquelle est en ce moment confié le germe de cette branche d'industrie si féconde en espérances, à le conserver avec soin. Aujourd'hui, il est certain que sa conservation ou son anéantissement dépendent de quelques francs de plus ou de moins dans le tarif. Dans dix ans, si cette industrie est ménagée, et reçoit les développemens qu'on doit naturellement en attendre, on appréciera toute la portée de la découverte qui a mis l'Europe en possession d'un produit précieux qui lui était exclusivement fourni par les autres continens ; et alors, je le dis avec assurance, on ne concevra pas que, dans les circonstances où nous nous trouvons aujourd'hui, une semblable controverse ait pu diviser les esprits. S'il était possible au contraire que l'on parvînt à comprimer en ce moment l'essor de cette industrie nouvelle, il n'est pas probable que l'Europe la perdrait pour cela : quelqu'autre nation s'en emparerait un peu plus tard, et l'on sentirait alors toute l'énormité de la faute qui l'aurait laissé s'échapper de nos mains.

§ XIII. *Du droit d'entrée sur les laines.*

De toutes les questions de tarifs qui peuvent intéresser la production agricole, il en est peu qui aient, depuis quelque temps, attiré aussi puissamment l'attention publique, que celle du droit d'entrée sur les laines étrangères, et il n'en est peut-être aucune qui soit plus délicate et plus compliquée. Hors d'état, comme je le suis, de la résoudre, je me bornerai à présenter ici quelques considérations qui me semblent devoir entrer parmi les élémens de la solution.

Le premier pas à faire dans cette question, consiste, je crois, à bien apprécier notre situation actuelle, relativement à la production de la laine; et pour circonscrire la question dans ses limites réelles, je dois dire que c'est presque uniquement des laines mérinos que je m'occuperai, parce que, quoique l'on parle presque toujours des laines en général, c'est réellement sur les seules laines de mérinos que roule la discussion. Les producteurs de laine commune ou les propriétaires de troupeaux d'anciennes races françaises, ne se plaignent pas, ou du moins si l'on a entendu quelques plaintes de leur part, je crois que c'était uniquement pour faire écho; il faut donc les placer hors de la cause; et pour ce qui concerne les autres races récemment importées, les propriétaires ne se plaignent pas encore, car il n'a existé jusqu'ici que des essais plus ou moins heureux, et l'on ne connaît pas encore les élémens des calculs que l'on devra établir pour la production. C'est donc exclusivement aux troupeaux de mérinos purs ou métissés et à leurs toisons, que se circonscrit la discussion sur la question des laines.

Il me semble que l'on n'apprécie pas bien la position dans laquelle se trouve aujourd'hui l'in-

dustrie des mérinos en France; il est impossible
de méconnaître que cette position est un état
transitoire, ou si l'on veut, un état de crise invinciblement amené par les circonstances antérieures. L'éducation des mérinos a formé il y a
3o ou 4o ans, et pendant une assez longue suite
d'années, une spéculation qui se trouvait entièrement hors de pair avec l'éducation, l'entretien ou
l'engraissement de tous les genres de bestiaux sur
lesquels s'exerce l'industrie des cultivateurs : le
haut prix des animaux a mis pendant long-
temps cette spéculation à la portée seulement des
propriétaires riches ou du moins aisés, qui, pour
la plupart, entretenaient leurs troupeaux dans
un but et avec des moyens tout différens de
ceux des fermiers ordinaires. Le prix élevé auquel ces propriétaires trouvaient à vendre les
toisons et les animaux qu'ils élevaient, formait
une puissante comparaison de la différence de
position dans laquelle ils se trouvaient, relativement aux cultivateurs proprement dits : pour
ces derniers, l'entretien des bestiaux est une
nécessité, car il leur faut des engrais, et il n'est
question pour eux que de savoir quel est le
genre de bétail qui paiera le mieux les fourrages
et les soins, ou, en d'autres termes, qui leur
procurera des engrais au plus bas prix possible.
Pour se déterminer à prendre ou à ne pas pren-

dre de bétail, il ne s'agit pas de savoir s'il est possible d'obtenir du foin consommé dans la ferme, le même prix que l'on en trouverait sur le marché; il ne peut être question que du choix à faire entre les différens genres de bestiaux; car, sans fumier pas de récoltes, et sans bestiaux pas de fumier. Le propriétaire qui n'exploite pas doit calculer tout autrement, car s'il ne compte pas le fumier pour rien, il n'y attache pas du moins la même importance que le cultivateur, et il n'entretiendra un troupeau que dans le cas où il trouvera dans la vente des produits un bénéfice suffisant pour lui rembourser, outre les frais de garde et autres, la valeur du fourrage consommé, ainsi que des prés et pâtures qu'il lui consacrera, et qu'il reprendra à son fermier à des conditions plus ou moins avantageuses, ou qu'il se procurera par tout autre moyen, pour l'usage spécial de son troupeau.

Il ne viendra guère à l'idée à un propriétaire d'entreprendre dans une combinaison semblable, soit l'entretien d'un troupeau de races communes ou d'une vacherie, soit l'engraissement des bœufs ou des bêtes à laine; et s'il l'entreprenait, il ne pourrait certainement y trouver que de la perte, non-seulement par le motif que j'ai exposé plus haut, mais aussi parce qu'un propriétaire ordinairement absent pendant une partie de l'année, ne peut jamais donner à tous les détails économiques, des soins qui puissent lui permettre de soutenir la concurrence avec le cultivateur qui en fait sa principale affaire. Cependant l'éducation des mérinos a présenté pendant long-temps des bénéfices tellement supérieurs à ceux que l'on pouvait attendre de tous les autres genres de bestiaux, qu'un grand nombre de troupeaux ont été formés et soutenus avec de grands profits par des propriétaires non cultivateurs, et par des combinaisons économiques plus ou moins favorables, quelquefois bien calculées pour cette position spéciale, mais quelquefois aussi assez mal conçues; et pendant une vingtaine d'années, il a réellement fallu qu'une spéculation de mérinos fût bien mal dirigée pour n'être pas lucrative.

Il est facile de sentir qu'un semblable état de choses devait avoir un terme : la multiplication des animaux en a nécessairement fait baisser le prix, et dès ce moment, les cultivateurs ont voulu aussi prendre part à une spéculation qui était en quelque sorte dans leur domaine; et même un assez grand nombre de fermiers auxquels les moyens pécuniaires ne manquaient pas, n'ont pas attendu ce moment pour entrer en concurrence avec les propriétaires, dans une carrière où tous les avantages étaient de leur côté. Il était bien évident que dès l'instant où cette spéculation passerait entre les mains des cultivateurs, elle ne pouvait pas tarder beaucoup à se niveler sous le rapport des profits, avec les autres branches d'éducation ou d'entretien de bétail. Ainsi, lorsqu'on veut rechercher aujourd'hui si l'industrie des mérinos peut se soutenir en France, aux prix actuels des produits, la question doit se poser ainsi : *Les troupeaux de mérinos donnent-ils des produits égaux à ceux que trouve l'agriculture dans l'éducation des troupeaux de races communes, dans l'élève ou l'engraissement du bétail à cornes, etc.?*

La question ainsi posée, je ne pense pas qu'il puisse exister de doute sur la solution; et si quelque propriétaire se plaint de l'avilissement des produits de son troupeau de mérinos, qu'il essaie de le remplacer par quelque autre genre de bétail, et il verra s'il ne trouvera pas encore une perte bien plus considérable. Mais l'administration doit-elle s'efforcer de maintenir ou plutôt de faire renaître l'état précédent des choses, en favorisant spécialement la production des laines fines, par des mesures qui ne tourneraient pas également au profit de la production des autres sortes de lainage? Il serait superflu d'examiner

si une marche semblable serait prudente et
conforme aux règles d'une bonne administration ;
car il est très-certain que tous les efforts que
pourrait faire le gouvernement pour atteindre un
but de ce genre, seraient entièrement inutiles.
Il est impossible d'empêcher que le niveau s'éta-
blisse entre des industries analogues; et tant
qu'il y aura plus d'avantages à produire de la
laine de mérinos qu'à entretenir du bétail de tout
autre genre, les troupeaux de cette espèce s'ac-
croîtront graduellement, jusqu'au moment où la
baisse des prix des produits rétablira l'équilibre ;
et cet accroissement sera prompt, aujourd'hui
que cette industrie est entre les mains d'un grand
nombre de fermiers. Il me semble donc évident
qu'il faut que les propriétaires non cultivateurs
se résignent à une nécessité contre laquelle il
est impossible de luter. Aujourd'hui, la production des laines communes de mérinos dites laines
intermédiaires, est dans le domaine des cultivateurs; car malgré l'abaissement des prix des laines
de cette qualité, ils les produisent encore avec
plus d'avantage que les laines communes qui
n'ont pas éprouvé de baisse, avec plus d'avantage que la viande grasse, que le beurre, le fromage, etc.; et s'il est des cultivateurs qui disent
qu'ils ne peuvent produire la laine de mérinos
aux prix actuels, l'observation que j'ai faite pour

les propriétaires s'adresse également à eux; car il est impossible qu'ils espèrent éviter, par quelque mesure que ce soit de la part de l'administration, les effets de la libre concurrence avec tous les autres cultivateurs qui peuvent comme eux produire de la laine de mérinos, et qui en produiront certainement si cette branche d'industrie leur offre plus d'avantage que l'économie des autres genres de bétail. Aujourd'hui, il n'y a que la production des laines superfines de mérinos qui puisse compenser, pour les propriétaires, le désavantage de leur position à l'égard des cultivateurs. Les animaux de haute finesse sont en ce moment ce qu'étaient les mérinos communs il y a trente ans; c'est une industrie hors de pair : elle se nivellera aussi peut-être avec le temps, mais tout doit faire prévoir que les laines de cette qualité se maintiendront encore long-temps à de hauts prix; car les soins minutieux et l'attention qui sont nécessaires pour élever et maintenir un troupeau à un haut degré de finesse, seront toujours à la portée d'un bien moins grand nombre de cultivateurs, que l'entretien d'un troupeau ordinaire de mérinos. Les races de bêtes à laine nouvellement importées d'Angleterre pourront aussi offrir aux propriétaires des spéculations qui remplaceront pour eux, ce qu'ont été peudant long-temps les mérinos communs ; mais ce serait s'épuiser en efforts superflus, que de chercher, par des droits spéciaux à l'entrée ou par des prohibitions, à soutenir artificiellement à un prix relativement supérieur à ceux des autres produits animaux, les laines intermédiaires, dont la production est aujourd'hui entre les mains d'une multitude de cultivateurs. Le seul résultat que l'on obtiendrait serait une production exagérée qui tournerait au détriment des laines communes, sans apporter une amélioration durable aux producteurs de laines intermédiaires. Quant aux laines superfines, les tarifs actuels leur suffisent, et ce ne sont pas les propriétaires des troupeaux qui les produisent, qui sollicitent des prohibitions ou de nouvelles augmentations de droits.

Si nous considérons la production des laines en France sous un point de vue général, nous serons forcés de reconnaître qu'elle a autant besoin d'être soutenue par des droits à l'entrée, que celle des grains et des bestiaux ; et il est facile de concevoir que pour que ces diverses branches de productions soient également favorisées, il faut que les droits sur les laines soient relativement plus élevés que ceux qui ont pour objet les grains ou les bestiaux, parce que le prix du transport étant dans une proportion beaucoup moindre avec la valeur, on peut les faire venir de contrées plus éloignées, en sorte que la concurrence serait beaucoup plus redoutable pour l'agriculture française, dans la production de la laine que dans celle des autres objets. S'il en était des laines comme des grains ou des bestiaux, si toute la quantité qui s'en importe était employée à la consommation intérieure, les intérêts des consommateurs combinés avec ceux des producteurs, devraient seuls être consultés sur la limite qu'il convient d'assigner aux droits d'entrée; mais ici, la question se complique infiniment par les intérêts de l'industrie manufacturière qui convertit en produits destinés à l'exportation, une partie considérable des laines importées, et même une partie des laines récoltées dans l'intérieur. Il est bien certain que la fabrique des étoffes de laine souffre en ce moment en France, au moins autant que l'agriculture qui produit la matière première ; et l'on ne peut guère se refuser à croire que le taux élevé des droits d'entrée est une des causes principales de cet état de souffrance des manufactures qui, si cet état de choses durait, se trouveraient privées d'une grande partie de leurs débouchés au dehors. Mais cette inaction des manufactures est aussi la principale cause de l'abaissement du prix des laines; en sorte qu'il faut combiner ici, outre les intérêts des consommateurs, ceux des producteurs de laine, relativement à la concurrence des produits étrangers, avec ceux des manufacturiers, dans leurs rapports avec l'industrie des autres nations; et en défendant les intérêts des manufacturiers, on défend encore ceux de la production de la matière première; car ce ne sera heureusement jamais par des manufactures étrangères que seront consommées les laines françaises; ainsi c'est uniquement de la prospérité des manufactures nationales, que les producteurs de laine peuvent espérer des débouchés faciles et avantageux.

D'après les principes que doit avoir en vue une sage administration, un droit d'entrée sur une matière qui, comme la laine, fournit à une exportation considérable en produits manufacturés, doit nécessairement être combiné avec une prime d'exportation qui permette aux manufacturiers français, de soutenir, avec l'industrie étrangère, une concurrence qu'ils ne pourraient évidemment supporter sans cette compensation des droits qu'ils ont acquittés sur la matière première, ou de l'augmentation qui résulte des droits d'entrée, sur les prix des laines récoltées à l'intérieur. Il me semble que c'est spécialement sur le mécanisme de cette prime d'exportation combinée avec les droits d'entrée, qu'il faut diriger son attention, si l'on veut chercher les moyens de soulager à la fois l'industrie manufacturière et l'agriculture ; et, dans mon opinion, il n'est pas possible, dans la situation actuelle des choses, de rien faire pour l'agriculture, en ce qui concerne le tarif des laines, si ce n'est ce que l'on peut faire en faveur de l'industrie manufacturière qui lui offre le débouché de ses produits. Il faut que l'administration considère un droit de ce genre, non pas comme un revenu, mais comme un moyen de favoriser la production et l'industrie intérieure ; c'est ici qu'il faut que nous apprenions par l'exemple de l'Angleterre, combien il y a à gagner pour le gouvernement lui-même, à régler les questions de ce genre sans fiscalité, et dans la seule vue des intérêts de la prospérité intérieure, seule source de richesses pour le trésor public comme pour la nation. Je ne dirai pas que c'est sans lésinerie, mais je ne craindrai pas d'affirmer que c'est largement et avec libéralité que le système des primes doit être combiné avec celui des droits d'entrée. Je suis donc persuadé que c'est principalement dans l'examen des résultats obtenus depuis quelques années par l'administration des douanes dans cette combinaison de moyens, que l'on pourra trouver l'explication de l'état de détresse dans lequel se trouvent nos manufactures. En effet, la prime a été calculée de telle manière qu'au lieu de former le remboursement intégral des droits d'entrée, elle a constamment laissé au profit du trésor, un excédant qui a varié de 1,500,000 fr. à 2 millions. Il est bien évident que ce n'est pas ainsi que l'on pouvait espérer de favoriser l'industrie manufacturière, et encore bien moins la production intérieure des laines, puisque bien loin que celle-ci ait profité d'une partie des primes accordées à l'exportation, l'administration n'a réellement remboursé par ces primes que la moitié environ des droits qu'elle avait perçus à l'entrée sur les laines étrangères. C'est là, j'en suis persuadé, qu'il faut chercher aussi pour l'avenir, en faveur de nos manufactures, le remède à une décadence qui devient sérieusement alarmante pour l'industrie de la production des laines en France. Si l'on concevait d'une manière plus large le système des primes, et si, à l'aide même de quelques sacrifices en excédant des droits d'entrée, l'on parvenait, comme cela ne paraît pas problématique, à accroître la masse de nos exportations de lainage, l'agriculture trouverait, dans l'activité des manufactures, une immense ressource pour la production des laines; et relativement à l'industrie des mérinos communs en particulier, on adoucirait certainement par ce moyen, la secousse toujours fâcheuse produite par l'état transitoire dans lequel se trouve cette industrie. Il n'est pas douteux non plus que l'accroissement de richesses publiques qui résulterait de la prospérité de ces deux branches d'industrie, ne compensât largement, au profit du trésor, le léger sacrifice que ces primes pourraient exiger ; et je ne pense pas que le gouvernement puisse employer aucune somme à une dépense plus profitable pour lui-même.

FIN.

TABLE DES MATIÈRES.

FIN DE LA TABLE.

NANCY, IMPRIMERIE DE A. LEPAGE
ET P. GARD.